O MÍNIMO QUE VOCÊ
PRECISA SABER SOBRE
DINHEIRO
E
BITCOIN

DANIEL SCOCCO

O MÍNIMO QUE VOCÊ PRECISA SABER SOBRE DINHEIRO E BITCOIN

ALTA BOOKS
EDITORA

Rio de Janeiro, 2022

O Mínimo que Você Precisa Saber Sobre Dinheiro e Bitcoin

Copyright © 2022 da Starlin Alta Editora e Consultoria Eireli.
ISBN: 978-85-508-1848-1

Impresso no Brasil – 1ª Edição, 2022 – Edição revisada conforme o Acordo Ortográfico da Língua Portuguesa de 2009.

Todos os direitos estão reservados e protegidos por Lei. Nenhuma parte deste livro, sem autorização prévia por escrito da editora, poderá ser reproduzida ou transmitida. A violação dos Direitos Autorais é crime estabelecido na Lei nº 9.610/98 e com punição de acordo com o artigo 184 do Código Penal.

A editora não se responsabiliza pelo conteúdo da obra, formulada exclusivamente pelo(s) autor(es).

Marcas Registradas: Todos os termos mencionados e reconhecidos como Marca Registrada e/ou Comercial são de responsabilidade de seus proprietários. A editora informa não estar associada a nenhum produto e/ou fornecedor apresentado no livro.

Erratas e arquivos de apoio: No site da editora relatamos, com a devida correção, qualquer erro encontrado em nossos livros, bem como disponibilizamos arquivos de apoio se aplicáveis à obra em questão.

Acesse o site www.altabooks.com.br e procure pelo título do livro desejado para ter acesso às erratas, aos arquivos de apoio e/ou a outros conteúdos aplicáveis à obra.

Suporte Técnico: A obra é comercializada na forma em que está, sem direito a suporte técnico ou orientação pessoal/exclusiva ao leitor.

A editora não se responsabiliza pela manutenção, atualização e idioma dos sites referidos pelos autores nesta obra.

Dados Internacionais de Catalogação na Publicação (CIP) de acordo com ISBD

S421m   Scocco, Daniel
          O Mínimo que Você Precisa Saber Sobre Dinheiro e Bitcoin / Daniel Scocco, - Rio de Janeiro : Alta Books, 2022.
          208 p. ; 16cm x 23cm.

          Inclui índice.
          ISBN: 978-85-508-1848-1

          1. Economia. 2. Dinheiro. 3. Bitcoin. I. Título.

                                    CDD 330
2022-2443   CDU 33

Elaborado por Vagner Rodolfo da Silva - CRB-8/9410

Índice para catálogo sistemático:
1. Economia 330
2. Economia 33

Produção Editorial
Editora Alta Books

Diretor Editorial
Anderson Vieira
anderson.vieira@altabooks.com.br

Editor
José Ruggeri
j.ruggeri@altabooks.com.br

Gerência Comercial
Claudio Lima
claudio@altabooks.com.br

Gerência Marketing
Andrea Guatiello
andrea@altabooks.com.br

Coordenação Comercial
Thiago Biaggi

Coordenação de Eventos
Viviane Paiva
comercial@altabooks.com.br

Coordenação ADM/Finc.
Solange Souza

Direitos Autorais
Raquel Porto
rights@altabooks.com.br

Assistente Editorial
Henrique Waldez

Produtores Editoriais
Illysabelle Trajano
Maria de Lourdes Borges
Paulo Gomes
Thales Silva
Thiê Alves

Equipe Comercial
Adriana Baricelli
Ana Carolina Marinho
Daiana Costa
Fillipe Amorim
Heber Garcia
Kaique Luiz
Maira Conceição

Equipe Editorial
Beatriz de Assis
Betânia Santos
Brenda Rodrigues
Caroline David
Gabriela Paiva
Kelry Oliveira
Marcelli Ferreira
Mariana Portugal
Matheus Mello

Marketing Editorial
Jessica Nogueira
Livia Carvalho
Marcelo Santos
Pedro Guimarães
Thiago Brito

Atuaram na edição desta obra:

Revisão Gramatical
Fernanda Lutfi
Thamiris Leiroza

Diagramação
Rita Motta

Capa
Erick Brandão

Editora afiliada à:

ASSOCIADO

Rua Viúva Cláudio, 291 – Bairro Industrial do Jacaré
CEP: 20.970-031 – Rio de Janeiro (RJ)
Tels.: (21) 3278-8069 / 3278-8419
www.altabooks.com.br — altabooks@altabooks.com.br
Ouvidoria: ouvidoria@altabooks.com.br

SOBRE O AUTOR

linkedin.com/in/danielscocco/
@daniel.cripto

Daniel Scocco é formado em Economia Internacional pela Universidade Bocconi em Milão, Itália. Apaixonado por tecnologia, aprendeu a programar sozinho e já ganhou competições de programação da Ford e da MasterCard. Atuou como consultor técnico para grandes empresas (Decolar.com) e instituições (Voice of America — US Government). É fundador de 3 startups, incluindo o app AZpop, que atingiu mais de 1 milhão de downloads e recebeu investimentos de fundos do Vale do Silício.

Escreveu sobre o potencial do Bitcoin já em 2013 e acompanha o mundo das criptomoedas desde então. Fundou o portal Criptos.com.br, em 2019, para explicar de uma maneira simples e acessível o funcionamento das tecnologias por trás do Bitcoin e outras criptomoedas.

SOBRE O LIVRO

Em nenhum trecho ou parte deste livro será recomendada a compra de algum ativo ou criptomoeda. Este livro não deve ser encarado como recomendação de investimento.

O objetivo desta obra é puramente educacional, visando a explicar o funcionamento de questões econômicas e da tecnologia por trás do Bitcoin e de outras criptomoedas.

Escrevi o livro por conta de minha paixão pelo assunto, mas também para passar aos meus filhos, quando tiverem idade suficiente para ler, entendimentos e conceitos que julgo importantíssimos para as decisões econômicas e financeiras de qualquer pessoa.

Justamente por isso, dedico o livro a minha esposa, Débora, e a meus filhos, Isabella e Victor. Que eles possam viver em um mundo com mais liberdades, inclusive econômicas.

SUMÁRIO

Seção I. Entendendo o que É Dinheiro e Riqueza

    1. Maços de Cigarro, Conchas do Mar e Vacas 3

    2. Do Sal ao Dólar 11

    3. Dinheiro, Riqueza e Inflação 19

Seção II. Base Monetária e Como Se Proteger da Inflação

    4. Base Monetária 27

    5. Casos de Hiperinflação ao Longo da História 41

    6. As Três Regras de Ouro 47

    7. 4 Ativos para Se Proteger da Inflação 53

Seção III. Entendendo o que É Bitcoin

    8. Uma Breve História do Bitcoin 61

    9. O que É Bitcoin? 67

	10.	Tipos de Carteira para Receber e Enviar Bitcoin....73
	11.	Onde e Como Comprar Bitcoin 79

Seção IV. Como Funciona a Parte Técnica das Criptomoedas

	12.	Criptografia...85
	13.	Consenso Distribuído e o Problema dos Generais....95
	14.	Como Funciona a Rede Bitcoin? Como Minerar Bitcoin? 101
	15.	Funções Hash 121
	16.	Números Binários e Hexadecimais 129

Seção V. Ethereum e Contratos Inteligentes

	17.	Ethereum... 137
	18.	Como Funciona o Ethereum e Suas Principais Diferenças em Relação ao Bitcoin............................... 143
	19.	Contratos Inteligentes e Aplicativos Descentralizados 159
	20.	Moedas versus Tokens 169
	21.	Defi: Finanças Descentralizadas 179

Índice 193

SEÇÃO I

ENTENDENDO O QUE É DINHEIRO E RIQUEZA

MAÇOS DE CIGARRO, CONCHAS DO MAR E VACAS

Você sabe o que maços de cigarro, conchas do mar e vacas têm em comum? Todos já foram usados como dinheiro, e a explicação é puramente econômica, como você verá a seguir!

COMO O DINHEIRO SURGIU

Assim que o ser humano deixou de ser nômade e começou a se fixar nas primeiras povoações, a troca de itens e de serviços entre os membros dessas povoações se fez necessária por conta da distribuição não uniforme de recursos naturais e também por conta das diferentes habilidades inatas de cada membro. Por exemplo, pode ser que a terra da sua residência seja mais propícia para plantação de batatas enquanto a terra do seu vizinho seja mais propícia para plantação de maçãs. Certa pessoa pode ser mais forte, adaptando-se melhor ao trabalho de ferreiro, enquanto a outra é mais habilidosa para a confecção de roupas. Ou realizamos trocas, ou a variedade e a qualidade dos produtos e dos itens que teremos à disposição será extremamente limitada!

Além disso, logo se observou o enorme ganho de eficiência gerado quando cada membro do grupo se especializa na execução de determinado serviço ou coleta de algum item. Por exemplo, em vez de ter que construir sua própria casa, criar suas próprias galinhas, coletar suas próprias frutas, confeccionar suas próprias roupas e ferramentas de trabalho, seria muito mais fácil e eficiente se você se especializasse em somente uma dessas tarefas, como criação de galinhas, e as trocasse por outros itens e serviços, que seriam especialidades de outros membros do grupo.

Para ilustrar o ganho de eficiência consequente da especialização de tarefas, vamos utilizar um exemplo simples, no qual existem somente duas pessoas e dois itens a serem coletados e/ou produzidos: comida e água. Suponha que, se a pessoa coletar os dois itens sozinha, ela consiga gerar por dia duas unidades de comida e duas de água. Por outro lado, se ela focar e se especializar em somente um item, ela consegue coletar seis unidades desse item por dia. No primeiro caso, em que não existe especialização nem troca entre os dois membros do grupo, cada um teria, por dia, duas unidades de água e duas de comida. Já no segundo caso, em que cada um decide se especializar na coleta de um item e depois trocar com o outro, cada membro iria coletar seis unidades do item, no qual ele é especializado, e trocar três unidades com o outro membro, acabando o dia com 3 unidades de comida e 3 de água, obtendo um ganho de 50% em relação ao caso anterior.

A explicação do ganho de produtividade por conta dessa especialização também é clara e intuitiva: quando você foca uma certa tarefa e se especializa nela, você ganha mais prática ao longo do tempo e vai descobrindo maneiras mais eficientes de executá-la.

AS LIMITAÇÕES DO ESCAMBO

Escambo é o comércio baseado em trocas. Por exemplo, eu crio galinhas e troco uma delas com você, que cultiva maçãs. A ideia é simples, e à primeira vista pode parecer eficiente, mas não é. Imagine uma cidade onde a única forma de comércio é o escambo. Suponha que você é um criador de galinhas, mas a sua mesa quebrou e você está precisando consertá-la ou comprar uma nova. Você então vai até o carpinteiro e pergunta se ele está interessado em aceitar algumas de suas galinhas em troca do conserto de sua mesa, e ele diz que não. Ao perguntar o que ele aceitaria em troca pelo conserto da mesa, ele diz que gosta muito de morangos. Você então vai até o produtor de morangos e pergunta se ele trocaria seus produtos por galinhas. Ele diz que não aceita, pois recentemente já havia adquirido algumas galinhas. No entanto, ele afirma que está precisando que alguém conserte o telhado de sua casa. Finalmente, após conversar com a pessoa que conserta telhados, você consegue dar para ela algumas galinhas em troca do conserto do telhado do produtor. Com isso, obtendo alguns morangos, você consegue, por fim, utilizá-los para trocar pelo conserto de sua mesa com o carpinteiro.

A ineficiência do processo fica clara. É justamente por causa dessa ineficiência que o escambo, ao contrário do que muitas pessoas pensam, foi usado por pouco tempo e em poucas civilizações. Portanto, o dinheiro surgiu para resolver esse problema e facilitar as trocas de produtos, bens e serviços entre as pessoas.

AS 3 CARACTERÍSTICAS FUNDAMENTAIS DO DINHEIRO

O dinheiro pode ser considerado um dos maiores avanços para o ser humano. Curiosamente, ele não foi inventado por uma pessoa ou um grupo de pessoas, mas surgiu espontaneamente.

Conforme as pessoas observavam a ineficiência do escambo, elas começavam a buscar itens que fossem aceitos pelo maior número de pessoas possível e que, ao mesmo tempo, não estragassem rapidamente. Suponha que você seja um produtor de morangos em uma civilização antiga. Seria de seu interesse trocar esses morangos, que estragam em questão de dias ou semanas, por algum item menos perecível e que fosse do interesse de grande parte das pessoas na sua cidade, como, por exemplo, o sal.

(1) A primeira característica necessária para que um item possa ser usado como dinheiro é que ele funcione como um meio eficiente de troca. Isto é, que seja aceito em troca de outros bens e serviços por grande parte da população. Anteriormente já foi explicado por que essa característica é importante.

(2) A segunda característica é que ele mantenha seu valor ao longo do tempo. Dois fatores contribuem para a manutenção desse valor. O primeiro é o item não ser perecível como acabamos de ilustrar. O segundo é o item ser relativamente raro ou difícil de ser coletado. No exemplo anterior, se você tivesse trocado todos os seus morangos por sal e, no dia seguinte alguém descobrisse um local com toneladas de sal facilmente acessível, o valor de sua reserva de sal cairia drasticamente.

(3) A terceira característica para que um item possa funcionar como dinheiro é ter facilidade de medição e de fracionamento, justamente porque ele precisa ser usado para trocas no cotidiano. Armas tendem a ser mercadorias de aceitação geral na troca e também não são perecíveis. Porém, dificilmente serão usadas como dinheiro, pois é impossível fracionar uma arma em partes menores sem quebrá-la, inviabilizando a troca por itens de menor valor.

As três características necessárias para que algo funcione como dinheiro, paralelamente, também representam as três principais funções do dinheiro em uma sociedade: facilitar as trocas entre pessoas e empresas, permitir o ato de poupar e de armazenar valor, e facilitar a medição e a comparação do valor de produtos e de serviços.

Gado, sal, açúcar, milho, pele de animais, concha, tabaco, cacau, bronze, prata e ouro. Esses itens formam uma lista dos que possuem (ou possuíram em algum momento) as três características descritas anteriormente e que já foram usados como dinheiro ao longo da história e em diferentes civilizações.

Espero que você nunca seja preso, mas, se for, tenho certeza de que se lembrará das três características necessárias para que uma mercadoria funcione como dinheiro quando se deparar com maços de cigarros sendo trocados para cá e para lá por outros itens e serviços. Maços de cigarro tendem a ter grande aceitação na troca dentro de presídios, e além disso eles não estragam e são fracionados facilmente!

O DINHEIRO POSSIBILITOU O ATO DE POUPAR

Poupar significa produzir mais do que você consome e guardar o excedente. Pode não parecer à primeira vista, mas a possibilidade de poupar ou de se criar uma poupança é extremamente importante para aumentar a qualidade de vida das pessoas. A poupança também permite o aumento da produtividade da sociedade como um todo e, consequentemente, o seu avanço ao longo dos anos.

Vamos pensar de novo no exemplo de produtor de morangos. Nesse caso, o ato de poupar aconteceria caso sua produção de morangos fosse suficiente para trocar por produtos e serviços para sua subsistência e ainda sobrasse um pouco. Como os morangos estragam em questão de dias, seria necessário trocá-los por algum item que funcionasse como dinheiro nessa sociedade, para que o valor dessa poupança fosse mantido ao longo do tempo. Por exemplo, o produtor poderia trocar seus morangos excedentes por castanhas, que são de aceitação geral em sua sociedade e não estragam por meses.

O ato de poupar aumenta nossa qualidade de vida por oferecer uma proteção contra mudanças na capacidade de produção de uma pessoa. A proteção se dá em relação a mudanças voluntárias (como no caso de sair de férias ou tirar um ano sabático) e, também, mudanças externas e inevitáveis (como eventos climáticos, doenças ou a velhice).

Sem ter uma poupança, por exemplo, se o produtor de morangos ficasse doente e acamado por três meses, ele iria morrer de fome ou depender da boa vontade de terceiros para continuar comendo e tendo acesso aos produtos e serviços básicos para sua subsistência.

Da mesma forma, se um pedreiro não pudesse poupar e planejar sua aposentadoria, ao envelhecer e perder o vigor e a capacidade de produção, inevitavelmente ele teria que reduzir o seu padrão de vida e possivelmente até ficaria impossibilitado de prover para si mesmo.

O segundo papel fundamental da poupança em uma sociedade é permitir que as pessoas que estão produzindo mais do que consomem possam emprestar esse excedente a outras pessoas ou grupos de pessoas que possam fazer um uso mais eficiente desses recursos.

Por exemplo, o produtor de morangos poderia emprestar parte de sua poupança de castanhas para um conhecido que estivesse planejando começar um negócio de criação de galinhas. Caso o negócio prospere, o novo criador de galinhas conseguirá devolver ao produtor de morangos o que lhe foi emprestado e mais um pouco. Esse investimento acaba sendo bom para todos os envolvidos: o produtor de morangos aumenta a sua poupança ao longo do tempo sem precisar trabalhar diretamente nesse processo; o criador de galinhas consegue começar um novo negócio sem ter os recursos necessários, contribuindo somente com o seu trabalho; e a sociedade como um todo também ganha, pois agora conta com um novo produtor de galinhas e com ainda mais dinheiro disponível para outros investimentos do produtor de morangos.

A poupança também aumenta a qualidade de vida das pessoas, ao permitir que elas comprem itens mais caros do que o valor que conseguiriam acumular em uma semana ou em um mês. Por exemplo, o produtor de morangos jamais conseguiria trocar diretamente seus produtos por uma casa, a não ser que o vendedor da casa aceitasse receber em morangos e parcelado ao longo de décadas, o que é muito improvável. Em vez disso, o produtor de morangos pode ir poupando o excedente de sua produção e, uma vez que tiver o montante adequado, ele realiza a compra da casa.

Similar aos exemplos anteriores, mas ainda mais importante, é o caso em que muitas pessoas juntam suas poupanças para possibilitar a criação de uma grande empresa, indústria, projeto de pesquisa ou construção. Todo o avanço tecnológico e infraestrutural vindo desses projetos depende da poupança dos cidadãos de uma sociedade, a qual, por sua vez, depende da existência de alguma forma de dinheiro.

DO SAL AO DÓLAR

Antes de falar sobre a estrutura e o comportamento do sistema monetário moderno, é importante entender como e por que o dinheiro evoluiu, passando de um sistema que utilizava mercadorias como base de troca para o nosso, que utiliza moedas emitidas por governos, como o dólar ou o real.

Conforme explicado no capítulo anterior, mercadorias, a exemplo do sal e do couro, passaram a funcionar como dinheiro espontaneamente, uma vez que pessoas buscavam itens que fossem de aceitação geral da população para troca por outros produtos e serviços. Além de serem amplamente aceitas na permuta por outros itens, as mercadorias que funcionavam como dinheiro tinham que preservar seu valor ao longo do tempo e ser facilmente fracionadas e mensuráveis. Com o passar do tempo, e em muitas civilizações, os metais preciosos passaram a ser a principal forma de dinheiro circulando entre as pessoas e, gradualmente, substituíram as outras mercadorias que também eram utilizadas para esse fim.

Isso aconteceu porque os metais preciosos têm de forma mais acentuada as três características necessárias para que uma mercadoria funcione como dinheiro.

Em primeiro lugar, eles eram aceitos pela maioria das pessoas, uma vez que são muito úteis para a fabricação de objetos e de armas. Em segundo lugar, os metais preciosos tendem a preservar seu valor ao longo do tempo. O que ocorre porque esses metais são raros, difíceis de ser extraídos e muito resistentes ao tempo e a danos externos, mantendo sua forma e sua integridade por décadas. Por fim, os metais preciosos são relativamente fáceis de ser manipulados, fracionados e medidos.

Inicialmente, esses metais eram trocados em sua forma bruta ou como objetos do dia a dia (ex.: joias e talheres). Nesse caso, porém, era sempre necessária a correta medição do peso do objeto e da pureza do metal nele contido. Para deixar esse processo mais eficiente e menos propenso a falhas ou fraudes, muitas civilizações passaram a padronizar o formato desses metais em barras e/ou moedas, que continham o mesmo peso e pureza de um certo metal.

O primeiro registro de moedas padronizadas de metais preciosos é no reino da Lídia (localizado no território atual da Turquia) no século VII a.C.

Note que as várias formas de governo existentes foram quase sempre a favor da utilização de alguma forma de dinheiro, pois isso facilitava a cobrança de impostos.

Com o passar do tempo, as moedas de bronze, prata e ouro passaram a ser a principal forma de dinheiro circulante em praticamente todas as civilizações. Começaram a ser usadas a partir do século V a.C. e só deixaram de ser uma das principais formas de dinheiro no começo do século XX.

Alguns fatores contribuíram para esse predomínio. Em primeiro lugar, as moedas são de fácil transporte. Em segundo lugar, é possível criar moedas de pequeno valor utilizando o bronze ou a prata, o que facilita a troca delas por objetos também de pequeno valor. Por fim, o processo de cunhagem (o ato de estampar uma marca em uma ou ambas as faces da moeda) foi evoluindo ao longo do tempo e passou a funcionar como uma espécie de garantia em relação ao valor da moeda, uma vez que quem cunhava a moeda especificava exatamente a quantidade e a pureza do metal nela contidas. Em muitas civilizações, inclusive, quem cunhava as moedas garantia a troca delas pela quantidade equivalente do metal precioso.

Com o surgimento dos bancos, as pessoas começaram a depositar suas moedas e suas barras de metais preciosos e, ao fazer isso, recebiam um papel que funcionava como um certificado daquele depósito. Por causa da comodidade e da praticidade, os próprios papéis de certificado de depósito começaram a circular entre as pessoas como forma de pagamento por mercadorias e serviços. Inspirados nessa dinâmica, muitos governos e países começaram a emitir cédulas que representavam uma certa quantidade de metal precioso e eram convertíveis nesses metais, e foi assim que o dinheiro em papel surgiu.

No jargão econômico, dizemos que uma moeda/cédula é *lastreada* em ouro ou outro metal caso o governo ou instituição que a emitiu garanta essa conversão. Inversamente, nesse caso podemos dizer que o ouro é o *lastro* dessa moeda/cédula. Ou seja, lastro é uma espécie de garantia implícita em relação ao valor de algum ativo ou moeda.

A HISTÓRIA DO DÓLAR

A fim de entender melhor a transição de mercadorias para moedas e depois para notas de papel, inicialmente lastreadas em metais preciosos e posteriormente não mais lastreadas, entraremos nos detalhes da história do dólar norte-americano. Ela representa o que aconteceu com inúmeras outras moedas ao redor do mundo.

Desde 1492, quando Cristóvão Colombo começou a colonização europeia das Américas, diversas formas de dinheiro circulavam na América do Norte. Inicialmente, mercadorias como tabaco ou peles de animais eram usadas como dinheiro nas trocas. Com o tempo, moedas de diversas origens começaram a circular, vindas principalmente de nações europeias como Portugal e Espanha. Nessa época, os Estados Unidos ainda não existiam como nação, portanto, cada uma das colônias norte-americanas tinha certa liberdade em relação ao tipo de dinheiro que usava. Algumas inclusive, esporadicamente, emitiam dinheiro em papel para financiar alguma atividade específica.

Por influência da Inglaterra, *pound* era a denominação oficial do dinheiro, mas o valor de um *pound* era diferente em cada uma das colônias. Com o tempo, o peso espanhol acabou se tornando o principal dinheiro em circulação, e ele era chamado de dólar espanhol. Foi por isso que o dinheiro dos Estados Unidos acabou se chamando *dólar* e não *pound*.

Essa situação, em que diferentes formas de dinheiro circulavam em paralelo, perdurou até 1775. Nesse ano, começou a Guerra da Independência dos Estados Unidos contra a Inglaterra, e o Congresso Continental (ou seja, a união das treze colônias que decidiram se emancipar) começou a emitir um dinheiro de papel chamado de *dinheiro continental*.

Ao longo da guerra, que durou cerca de 8 anos, o Congresso emitiu aproximadamente US$241 milhões de dinheiro continental. Uma vez que esse dinheiro não era lastreado (ou seja, não era conversível) em nenhum metal precioso, ao longo do tempo ele foi perdendo seu valor. Três anos após entrar em circulação, estima-se que ele valia apenas 1/6 do seu valor original.

Em 1780, cinco anos após a introdução do dinheiro continental, estima-se que ele valia somente 1/40 do seu valor original. Um ano depois, o valor caiu tanto que o dinheiro parou de circular. Benjamin Franklin notou que a desvalorização do dinheiro continental, na prática, funcionou como um imposto sobre a população para custear a guerra (falaremos mais dessa dinâmica em capítulos futuros).

Em 1785, o Congresso Continental autorizou a emissão de uma nova moeda, chamada de *US dollar* ou dólar americano. Porém, por causa da desvalorização e do posterior colapso da antiga moeda — o dinheiro continental —, os delegados da Constituição dos Estados Unidos decidiram acrescentar à Carta uma cláusula obrigando os Estados a utilizarem somente prata e ouro como dinheiro. Isso quer dizer que o dólar americano deveria ser feito de prata ou ouro no caso de moedas, ou ser conversível em prata ou ouro no caso de cédulas de papel.

Constituição dos Estados Unidos, artigo 1 seção 10 (destaque do autor):

> **"Nenhum Estado poderá participar de tratado, aliança ou confederação; conceder cartas de corso; cunhar moeda; emitir títulos de crédito; autorizar, para pagamento de dívidas, o uso de qualquer coisa que não seja ouro e prata**; votar leis de condenação sem julgamento, ou de caráter retroativo, ou que alterem as obrigações de contratos; ou conferir títulos de nobreza. Nenhum Estado poderá, sem o consentimento do Congresso, lançar impostos ou direitos sobre a importação ou a exportação salvo os absolutamente necessários à execução de suas leis de inspeção; o produto líquido de todos os direitos ou impostos lançados por um Estado sobre a importação ou exportação pertencerá ao Tesouro dos Estados Unidos, e todas as leis dessa natureza ficarão sujeitas à revisão e ao controle do Congresso."

Note que essa cláusula está em vigor até hoje e, justamente por causa dela, muitas pessoas discutem se o atual dólar, que não é lastreado nem em ouro nem em prata, pode ser inconstitucional.

Em 1792, o Congresso dos Estados Unidos aprovou uma legislação, chamada de *Coinage Act*, criando oficialmente a Casa da Moeda dos Estados Unidos e estabelecendo o dólar americano como moeda oficial do país. A lei também deixava claro quais seriam as possíveis denominações do dólar americano e quanto de ouro ou de prata elas deveriam conter, seguindo a tabela a seguir:

Nome da Moeda	Valor em Dólar ($)	Conversão em Metal
Eagle	US$ 10,00	16,04 g de ouro puro
Half eagles	US$ 5,00	8,02 g de ouro puro
Quarter eagles	US$ 2,50	4,01 g de ouro puro
Dollars or Units	US$ 1,00	24,1 g de prata pura
Half dollars	US$ 0,50	12,0 g de prata pura
Quarter dollars	US$ 0,25	6,01 g de prata pura
Disme	US$ 0,10	2,41 g de prata pura
Half disme	US$ 0,05	1,20 g de prata pura
Cents	US$ 0,01	17,1 g de cobre
Half cents	US$ 0,005	8,55 g de cobre

Também ficou definido que um lado das moedas deveria conter uma imagem da deusa da Liberdade, a escrita *Liberty* e o ano da cunhagem; e o outro lado deveria ter uma imagem representando uma águia com a inscrição *United States of America*.

Esse sistema bimetálico (ou seja, com dois metais — prata e ouro — funcionando como dinheiro) perdurou até março de 1900, quando o Congresso dos Estados Unidos autorizou a legislação que criava o padrão ouro. Com essa lei, o governo dos Estados Unidos passou a garantir a conversão de cada dólar em 1,672 grama de ouro. Ou seja, teoricamente, se você se apresentasse no Departamento do Tesouro dos Estados Unidos com uma nota de um dólar, eles seriam obrigados a aceitá-la e em troca lhe dar 1,672 grama de ouro.

É interessante notar que muitas outras nações, inclusive a maioria das europeias, também adotaram um sistema parecido com o padrão ouro, pelo qual suas moedas eram, por lei, convertíveis em uma certa quantidade de ouro.

Em 1944, por causa das mudanças e das pressões econômicas advindas da Segunda Guerra Mundial, 44 países aliados se reuniram e assinaram o Tratado de Bretton Woods (leva o nome da cidade onde foi assinado), em que todos se comprometeram a seguir algumas regras de câmbio de suas moedas, mas também a mantê-las convertíveis e lastreadas ao ouro.

Na prática, podemos dizer que o padrão ouro, ou seja, o sistema no qual o dinheiro dos países era convertível e lastreado em ouro, durou de 1900 até 1971. Nesse ano, o presidente dos Estados Unidos, Richard Nixon, anunciou que o dólar não mais seria convertível em ouro, efetivamente acabando com o acordo de Bretton Woods e com o padrão ouro, e ao mesmo tempo transformando o dólar americano efetivamente em uma moeda *fiat*. *Fiat* em latim significa "faça-se". Ou seja, moeda fiat é uma moeda "feita" ou emitida por um governo e não lastreada em nenhuma mercadoria ou metal precioso como a prata ou o ouro. Praticamente todas as moedas ao redor do mundo hoje em dia são moedas fiat.

Em um sistema como o padrão ouro, em que a moeda de um país é lastreada no ouro, o governo fica limitado para criar ou emitir mais dinheiro, uma vez que, para fazê-lo, teria que aumentar proporcionalmente suas reservas de ouro. Já em um sistema com moedas fiat, o governo pode, com maior ou menor liberdade, dependendo da constituição e da legislação desse país, criar ou emitir mais dinheiro "do nada". Esse processo é comumente chamado de impressão de dinheiro (embora, hoje em dia, a emissão de mais dinheiro não mais dependa da impressão física de novas cédulas de papel, uma vez que o sistema monetário é digital). No próximo capítulo veremos as consequências perigosas dessa dinâmica.

Por fim, a possibilidade de imprimir dinheiro, como descrito anteriormente, em parte está ligada ao monopólio que a maioria dos governos tem sobre o dinheiro e o sistema financeiro em seus países. Muitas pessoas questionam se esse seria o melhor modelo para garantir o avanço e a prosperidade econômica de um país, uma vez que mercados abertos e com competição tendem a produzir mais inovação e melhores produtos e serviços. Alguns países recentemente começaram a trabalhar nessa direção. El Salvador, por exemplo, em 2021 tornou o Bitcoin uma moeda oficial do país, que passou então a ter duas moedas oficiais que podem ser usadas livremente: o dólar norte-americano e o Bitcoin.

DINHEIRO, RIQUEZA E INFLAÇÃO

Ter muito dinheiro significa ser rico? Não necessariamente! A maioria das pessoas não sabe diferenciar dinheiro de riqueza, mas saber fazer essa distinção é muito importante, principalmente se você quer ficar rico!

Dinheiro, como já vimos nos capítulos anteriores, é uma mercadoria ou moeda utilizada na troca por outros itens ou serviços. Riqueza, por outro lado, é o que realmente queremos: carros, casas, roupas, alimentos, serviços variados, viagens. Seguem dois exemplos para ilustrar como uma coisa (dinheiro) não depende da outra (riqueza) e vice-versa.

Imagine que você tem uma varinha mágica que pode criar qualquer coisa. No entanto, vamos colocar a limitação de que ela pode criar qualquer coisa menos dinheiro. Mesmo com essa limitação você seria a pessoa mais rica do mundo, pois poderia, a qualquer momento, criar qualquer coisa que quisesse ou de qual tivesse necessidade, como carros, roupas, comida, medicamentos, um avião para viajar e assim por diante. Esse exemplo ilustra como riqueza não necessariamente depende do dinheiro ou está vinculada a ele.

Vamos inverter a situação agora. Imagine que você é um bilionário e está voando em seu jatinho particular com bilhões de dólares em ouro, joias e dinheiro em espécie. Se o seu avião cair no meio do deserto e ficar sem comunicação, todo aquele dinheiro não servirá para nada. Nesse segundo exemplo, você seria uma pessoa com uma quantidade enorme de dinheiro, mas pobre, pois não teria acesso sequer a itens básicos para sua subsistência, como água e alimentos. Boa sorte tentando comer uma barra de ouro!

Embora esses exemplos sejam fantasiosos, uma dinâmica parecida ocorre na vida real e em muitos lugares do mundo. Conforme já foi explicado anteriormente, o dinheiro pode e deve ser visto como uma mercadoria utilizada na troca por outras mercadorias. Desse modo é possível medir o valor e o poder de compra do dinheiro. Por exemplo, suponha que dez unidades de certo dinheiro sejam suficientes para comprar um frango assado em determinado país. Se após um ano as mesmas dez unidades de dinheiro forem suficientes para comprar apenas meio frango assado, podemos dizer que esse dinheiro perdeu 50% do seu valor ou poder de compra. Outro jeito de explicar tal situação seria dizer que o preço do frango aumentou em 100%. O aumento generalizado dos preços em uma economia é comumente chamado de *inflação* pelos economistas. Ou seja, inflação de preços, desvalorização de uma moeda ou dinheiro, e diminuição do poder de compra de uma moeda ou dinheiro são três formas diferentes para dizer ou expressar a mesma coisa.

E se você acha que o exemplo anterior, em que o preço do frango dobrou em 12 meses, criando uma inflação de 100%, é exagerado, ficará assustado ao saber que os números podem ser de ordens de grandeza piores do que isso no mundo real. Por exemplo, a inflação da Venezuela em 2018 foi maior que 1.000.000% (um milhão por cento) somente naquele ano. A desvalorização do bolívar forte, moeda oficial da Venezuela até 2018, foi tão grande que um fotógrafo da *Reuters* decidiu realizar um ensaio registrando objetos comuns do dia a dia ao lado da quantidade de cédulas necessárias para adquiri-los, criando cenas grotescas. Por exemplo, um frango, em Caracas, custava cerca de 14 milhões de bolívares.

Seria praticamente necessária uma carriola para carregar essa quantidade de cédulas até a mercearia ou a padaria mais próxima.

A desvalorização de uma moeda (ou o medo de sua futura desvalorização) pode ser tão forte a ponto de fazer pessoas ou empresas pararem de aceitá-la. Por exemplo, por causa da crise econômica da Argentina, em 2020, e da consequente desvalorização do peso argentino, diversas casas de câmbio do Uruguai pararam de aceitar o peso argentino na troca por outras moedas.

O QUE CAUSA A INFLAÇÃO?

Praticamente todas as pessoas e, em especial os economistas, entendem e concordam que a inflação (ou seja, o aumento generalizado de preços em uma economia, que também pode ser vista como a perda de poder de compra da moeda) é algo prejudicial a um país e a seus cidadãos. Alguns economistas defendem que uma taxa mínima de inflação, algo em torno entre 1% e 2%, pode beneficiar a economia do país por estimular os investimentos e o consumo. Não entraremos no mérito desse argumento e nessa discussão. Neste livro, nossa investigação focará as causas e os efeitos das altas taxas de inflação.

Visto que inflação é algo negativo, por que a maioria dos países não consegue tomar medidas para evitá-la?

Para entender as causas da inflação, primeiro temos que entender uma das principais regras da economia em livres mercados: *a oferta e a demanda* (também chamada de *oferta e procura*). Trata-se de um mecanismo simples, mas extremamente eficiente. Em um livre mercado, cada mercadoria terá uma curva de oferta e uma curva de demanda. A curva de demanda mostra a quantidade de pessoas que teriam interesse em comprar certa mercadoria ou serviço em cada nível de preço deste. Como seria fácil prever, quanto menor o preço maior a quantidade de pessoas que teriam interesse em adquirir a mercadoria ou o serviço. Já a curva de oferta mostra a quantidade de pessoas ou empresas que teriam interesse em fornecer/vender certa mercadoria ou serviço em cada nível de preço. Também como esperado, essa curva se comporta ao contrário da curva de demanda. Ou seja, quanto maior o preço, maior a quantidade de pessoas que teria interesse em oferecer e vender essa mercadoria ou serviço. O preço praticado no mercado tenderá a ser algo muito próximo da intersecção dessas duas curvas, como ilustrado a seguir:

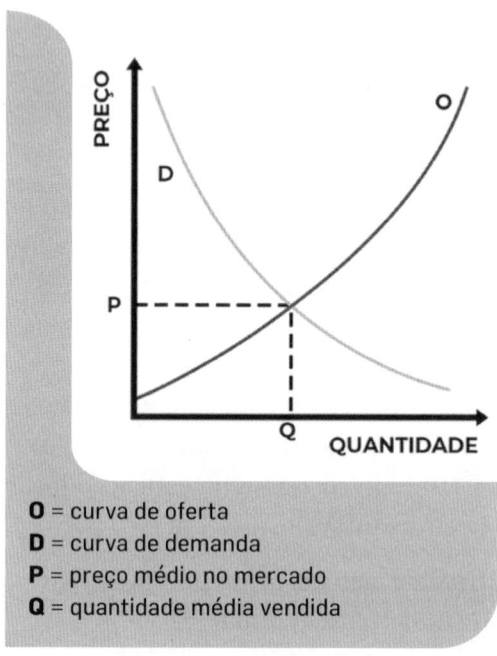

O = curva de oferta
D = curva de demanda
P = preço médio no mercado
Q = quantidade média vendida

Vamos usar um exemplo para ilustrar essa dinâmica. Imagine que as curvas de oferta e de demanda para agasalhos sejam as exibidas no gráfico a seguir e que, portanto, o preço médio de um agasalho no mercado seja de US$20. Durante um inverno rigoroso é muito provável que a demanda por agasalhos aumente no mercado. Isso quer dizer que, a qualquer nível de preço, o número de pessoas que teriam interesse em comprar um agasalho seria um pouco maior agora. O resultado disso, no nosso gráfico, seria um deslocamento da curva de demanda para a direita, aumentando o preço médio dos agasalhos no mercado. Outro jeito de expressar essa mudança é dizer que agora temos um número maior de pessoas com interesse em comprar agasalhos e o mesmo número de pessoas ou empresas com o interesse em vender. Portanto, o segundo grupo tem mais poder de barganha e pode aumentar os preços e continuar vendendo a mesma quantidade ou até mesmo aumentar o preço e vender mais ao mesmo tempo.

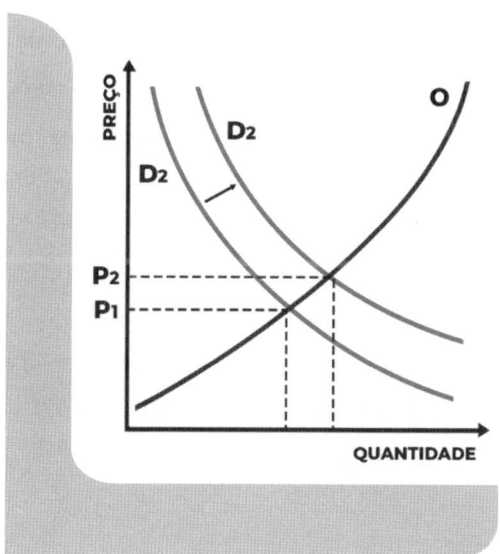

Seguem os quatro comportamentos da regra de oferta e demanda:

» Se a oferta de uma mercadoria aumenta, os preços tendem a cair.

» Se a oferta de uma mercadoria diminui, os preços tendem a subir.

» Se a demanda de uma mercadoria aumenta, os preços tendem a subir.

» Se a demanda de uma mercadoria diminui, os preços tendem a cair.

Começamos explicando o funcionamento da lei da oferta e demanda, pois praticamente todas as causas da inflação estão relacionadas a ela. Por exemplo, eventos (como desastres naturais) que afetem negativamente a produção e, portanto, a oferta de mercadorias, tendem a causar inflação, uma vez que a quantidade de mercadorias disponíveis será menor, mas a demanda por elas será a mesma, levando os preços a subir. Diversos fatores podem causar inflação no curto prazo, quase todos relacionados à demanda ou à oferta de mercadorias. No longo prazo, porém, a maioria dos economistas concorda que o aumento da base monetária é o principal, e talvez o único, fator por trás de altas taxas de inflação.

No próximo capítulo, explicaremos o que é base monetária e veremos quais são as motivações que podem levar um governo a aumentar a base monetária de um país, quais meios os governantes têm à disposição para fazer isso e quais as consequências dessas ações na inflação e no resto da economia.

SEÇÃO II

BASE MONETÁRIA E COMO SE PROTEGER DA INFLAÇÃO

CAPÍTULO 04

BASE MONETÁRIA

Base monetária é o volume total de dinheiro em uma economia ou país, e isso inclui as moedas, o dinheiro em papel, os valores depositados em bancos pelos clientes e as reservas dos próprios bancos.

Um ponto interessante: o dinheiro em espécie (ou seja, as moedas e as cédulas de papel em circulação) hoje em dia representa apenas uma pequena parte da base monetária.

Antigamente, como no Império Romano, por exemplo, o dinheiro em moedas ou outras espécies de metais preciosos representava 100% da base monetária.

Com a invenção do computador e sua adoção por, praticamente, todas as instituições financeiras ao redor do mundo, boa parte do dinheiro passou a existir apenas digitalmente. Isso quer dizer que, quando uma pessoa recebe um empréstimo de um banco, na maioria dos casos, o que ocorrerá será apenas a mudança de alguns bits no sistema dessa instituição financeira subtraindo o valor do empréstimo da conta da instituição e adicionando esse valor à conta dessa pessoa, tudo dentro de um banco de dados digital.

Com o avanço da tecnologia, teremos cada vez menos dinheiro físico em papel e moedas circulando e cada vez mais dinheiro digital. Em muitos países do mundo, essa transição está ocorrendo de forma acelerada e está ficando cada vez mais raro presenciar transações com o dinheiro físico. Em vez disso, pagamentos eletrônicos por meio de transferências, QR Code e utilizando carteiras digitais estão se tornando o padrão. Dito isso, todos os princípios econômicos que estamos abordando se aplicam tanto para o dinheiro físico quanto para o digital.

POR QUE A BASE MONETÁRIA AFETA O NÍVEL DE PREÇOS E, PORTANTO, A INFLAÇÃO?

Como vimos anteriormente, dinheiro é uma mercadoria utilizada como meio de troca por outras mercadorias em um país ou em uma sociedade. Imagine que em um certo país existe 1 milhão de unidades de um certo dinheiro, podendo ele ser uma moeda fiat ou alguma mercadoria, como ouro, prata ou açúcar. O fato é que esse dinheiro é o principal meio de troca nesse país. Esse 1 milhão de unidades do dinheiro está dividido entre empresas, pessoas e instituições do tal país, podendo estar depositado em bancos ou armazenado em outros lugares, como, por exemplo, na casa das pessoas.

Imagine agora que uma fada bem-intencionada (mas com pouco entendimento em economia...) dobra todo o dinheiro existente nesse país. Uma pessoa que tinha 200 unidades de dinheiro na sua casa e 2 mil unidades no banco, do dia para a noite passa a ter 400 unidades de dinheiro na sua casa e 4 mil unidades de dinheiro no banco, e o mesmo ocorre com todas as outras pessoas e as empresas desse local. Podemos dizer que todo mundo ficou mais rico? Negativo. Como vimos anteriormente, existe uma diferença importante entre dinheiro e riqueza.

No exemplo anterior, teríamos agora o dobro da quantidade de dinheiro disputando a mesma quantidade de produtos e serviços. Seguindo a regra da oferta e da demanda, essa dinâmica causaria um aumento dos preços dos produtos e dos serviços nesse país. Esse aumento, ao longo do tempo, tenderia a ser proporcional ao aumento da quantidade de dinheiro. Ou seja, o resultado do nosso exemplo é que os preços dos produtos e dos serviços nesse país dobrariam e, portanto, as pessoas continuariam conseguindo comprar a mesma quantidade deles. Ao se dobrar a quantidade de dinheiro de todas as pessoas e empresas, portanto, ninguém ficaria mais rico. Isso apenas alteraria os preços dos produtos e dos serviços, basicamente ajustando a conversão do dinheiro para outras mercadorias.

Podemos analisar esse exemplo sob outro ângulo e chegaremos à mesma conclusão: o dinheiro, como qualquer outra mercadoria, tem seu preço. A única diferença é o fato de o preço do dinheiro ser medido na quantidade de outras mercadorias ou serviços que as pessoas estão dispostas a oferecer por ele. Por exemplo, o preço de dez unidades de dinheiro em um certo país pode ser medido em frangos, ou seja, quantos frangos ou frações de um frango, na média, as pessoas estão dispostas a dar por dez unidades de dinheiro.

Podemos medir o dinheiro em função de praticamente qualquer mercadoria disponível em uma economia, ou em função de um agregado de várias mercadorias, para se chegar a uma média. Como com qualquer outra mercadoria, o preço do dinheiro é determinado pela regra da oferta e da demanda. A oferta de dinheiro é medida pela quantidade de pessoas que estão oferecendo dinheiro em troca de outras mercadorias (obviamente também considerando a quantidade de dinheiro que cada uma delas, na média, está oferecendo pelas mercadorias). A demanda por dinheiro é medida pela quantidade de pessoas que estão oferecendo mercadorias em troca de dinheiro.

Um aumento da base monetária, como no exemplo anterior, em que a fada dobrou o dinheiro de todas as pessoas e empresas no país, pode ser interpretado como um aumento da oferta de dinheiro. Já a demanda por dinheiro, ou seja, pessoas e empresas oferecendo mercadorias e serviços em troca de dinheiro, no nosso exemplo permanece estável. O resultado dessa dinâmica, seguindo a regra da oferta e da demanda, é que o preço do dinheiro tende a cair. Isso equivale a dizer que agora precisaremos de mais unidades de dinheiro para comprar a mesma quantidade de mercadorias ou serviços ou, inversamente, podemos dizer que pessoas estão dispostas a oferecer menos mercadorias ou serviços pela mesma quantidade de dinheiro. Em suma, mesmo analisando por um outro ângulo, chegamos à mesma conclusão: ao se dobrar a base monetária de um país, o resultado seria que os preços gradualmente aumentariam, tendendo a dobrar no longo prazo.

Essa visão é compartilhada por muitos economistas ao redor do mundo. Por exemplo, Olivier Blanchard, professor de Macroeconomia no MIT, na página 147 de seu célebre livro *Macroeconomics* escreve:

> "No curto prazo, a expansão da base monetária leva a um aumento na produção, uma diminuição na taxa de juros e um aumento no nível de preços. [...] Ao longo do tempo, o nível de preços aumenta, e os efeitos da expansão monetária na produção e na taxa de juros desaparecem. No médio prazo, o aumento da base monetária é refletido inteiramente em um aumento proporcional no nível de preços."

Obviamente, a direção inversa também existe. Uma contração ou redução na base monetária tende a fazer os preços de produtos e serviços diminuírem. Isso se dá porque agora teremos uma menor quantidade de dinheiro disputando a mesma quantidade de produtos e serviços, portanto o dinheiro se torna mais valioso.

Por fim, também é interessante notar que, se a base monetária permanecer igual, um aumento na quantidade de produtos e serviços disponíveis em um país ou em uma sociedade tende a gerar uma redução nos seus preços. Isso aconteceu na prática em diversos lugares do mundo e em vários períodos da história, e esse aumento na oferta de produtos e serviços geralmente é consequência de avanços tecnológicos.

Diante do último ponto, uma dúvida pertinente e importante pode vir à sua cabeça: se nas últimas décadas existiu um avanço tecnológico enorme na indústria, nos serviços, nas telecomunicações e em praticamente todos os outros setores, por que os preços dos produtos e dos serviços sempre vêm aumentando em praticamente todos os países do mundo? Justamente porque a base monetária de praticamente todos esses países também vem aumentando, muitas vezes em um ritmo muito maior do que o aumento da oferta de produtos e serviços acaba tendo por causa dos avanços tecnológicos.

Por exemplo, podemos ver no gráfico a seguir que o preço da tonelada de arroz, em reais, vem aumentando praticamente de modo constante nos últimos vinte anos.

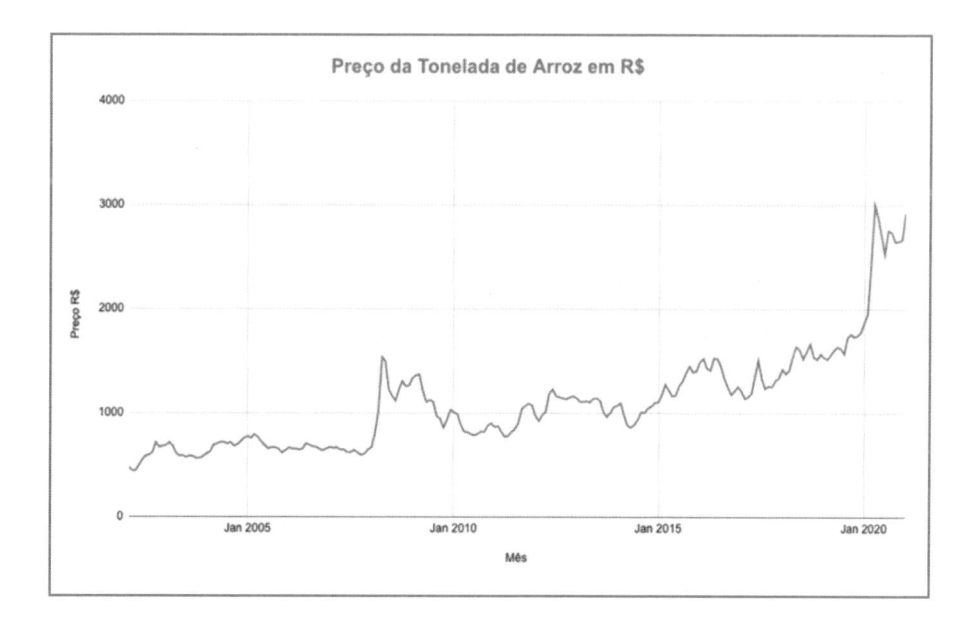

Não surpreendentemente, se visualizarmos o gráfico do preço da tonelada de arroz em termos de onças de ouro ao invés de reais, podemos observar que o mesmo vem caindo de modo constante nos últimos vinte anos.

Preço da Tonelada de Arroz em Onças de Ouro

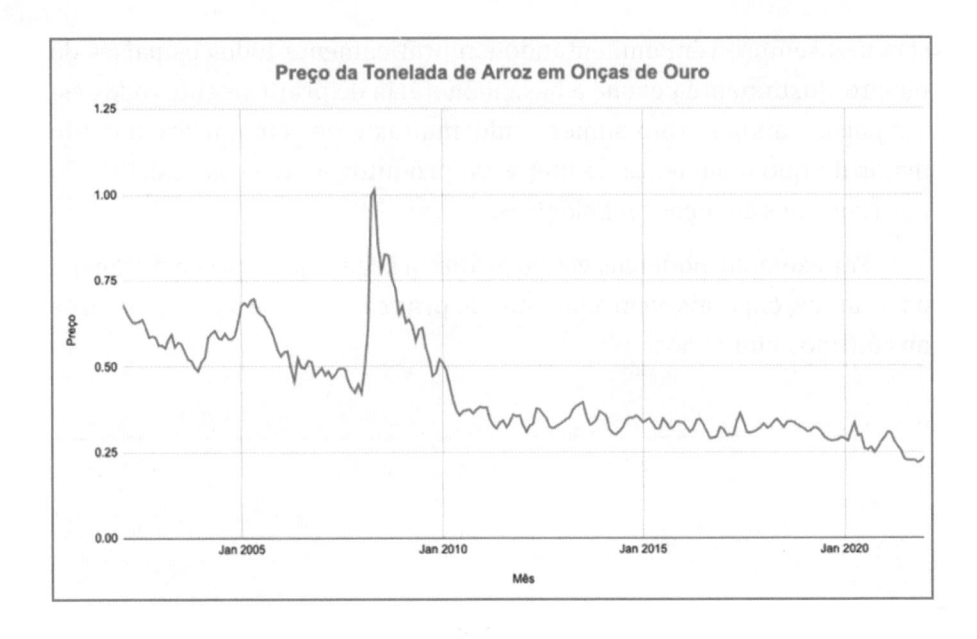

Esses dois exemplos ilustram a diferença entre uma forma de dinheiro com aumento significativo de sua base monetária ao longo do tempo (como moedas fiat) e uma forma com aumento mais moderado (como o ouro). Caso a moeda ou o dinheiro utilizado na precificação do arroz tivesse base monetária fixa, a taxa de queda no preço ao longo dos anos seria ainda mais drástica!

QUEM CONTROLA A BASE MONETÁRIA?

Em praticamente todos países e economias existe um banco central controlado, ou pelo menos direcionado pelo governo, que é responsável por gerenciar o sistema monetário de cada país. Uma das principais funções do banco central é justamente determinar quanto dinheiro deve circular na economia, diminuindo ou aumentando a base monetária ao longo do tempo.

Embora o modelo anterior seja utilizado em praticamente todas as economias do mundo, seria perfeitamente possível para um país ou economia funcionar sem um banco central. Um país poderia adotar a moeda de outro país em seu território, como países que utilizam o dólar americano como moeda oficial. Nesse caso, o governo do país perde grande parte do controle da base monetária, o que pode ser algo muito positivo como veremos adiante.

Também é possível que um país ou uma economia não adote nenhuma moeda oficial e não dê o controle do sistema monetário a nenhuma instituição, deixando o livre mercado decidir qual forma de dinheiro é de preferência da população. Essa dinâmica já aconteceu em vários lugares do mundo e em muitos períodos da história. Na América do Norte, como vimos anteriormente, antes de os Estados Unidos proclamarem a independência da Inglaterra, moedas de ouro e prata de diferentes países circulavam ao mesmo tempo. Nesse caso, o aumento ou a diminuição da base monetária também não estava sob o controle de algum governo ou instituição naquele território, mas flutuava livremente, segundo as forças do livre mercado.

POR QUE OS GOVERNOS DECIDEM AUMENTAR A BASE MONETÁRIA?

Altas taxas de inflação são prejudiciais tanto para a economia como um todo (pois geram incertezas, podem ocasionar recessões etc.) quanto para o cidadão individual (porque ele acaba perdendo poder de compra ao longo do tempo). Praticamente qualquer pessoa, economista ou não, concordará com essa premissa. Uma vez que a maioria dos economistas também defende que o aumento da base monetária é o principal fator por trás de altas taxas de inflação, o que explicaria a maior parte dos governos e dos bancos centrais ao redor do mundo continuamente e significativamente aumentar a base monetária de seus países ao longo do tempo?

O primeiro caso a ser considerado seria o de agentes corruptos dentro e fora do governo. Existe uma quantidade gigantesca de casos de corrupção ao redor do mundo, tanto em países subdesenvolvidos quanto em países desenvolvidos, em que pessoas físicas e empresas pagam propinas para agentes do governo em troca de favores, como ganhos de licitações ou contratos públicos para fornecimento de produtos e serviços. O arsenal para se tentar usurpar o dinheiro público é muito grande, passando por obras superfaturadas, caixas dois, empresas e contratos fantasmas e assim por diante. No caso da existência desses agentes corruptos, quanto mais dinheiro o governo tiver acesso, mais fácil será implementar os esquemas de corrupção. Nesse contexto, caso os agentes corruptos tenham o controle ou consigam influenciar o aumento da base monetária, praticamente criando mais dinheiro para o governo, seria do interesse deles fazê-lo para implementar tais esquemas de corrupção.

Deixando de lado os casos de corrupção e de desvio de dinheiro público, por que um governo honesto e bem-intencionado optaria por aumentar a base monetária? A primeira possível explicação seria que alguns economistas e políticos acreditam que um nível mínimo de inflação, algo em torno de 1% ou 2% ao ano, seja benéfico à economia. A lógica é a seguinte: caso a base monetária seja mantida estável, com os avanços tecnológicos e o aumento de produtividade, a oferta de produtos e serviços tende a aumentar ao longo do tempo. Por causa disso, os preços tenderiam a cair, tornando o dinheiro neste país relativamente mais valioso ao longo do tempo. Assim, e ainda segundo esses economistas e políticos, as pessoas poderiam começar a ter menos interesse em gastar seu dinheiro, uma vez que ele ficará mais valioso no futuro, e o resultado seria uma diminuição na atividade econômica e no crescimento do país.

Para combater esse possível problema, esses economistas defendem que um aumento gradual da base monetária, um pouco acima do aumento da produtividade e da oferta de produtos e serviços, causaria uma pequena inflação e estimularia pessoas e empresas a comprar mais produtos e serviços, gerando atividade e crescimento econômico. Não existe consenso entre os economistas em relação a essa teoria. Mesmo que ela seja verdadeira, acaba sendo arriscada, pois é muito difícil calcular qual teria que ser o aumento da base monetária exato para que a inflação ficasse dentro dos limites estabelecidos e desejados. Caso o cálculo seja feito de forma errada (e se trata de um cálculo bem difícil), o resultado poderia ser altas taxas de inflação com efeitos desastrosos para a economia do país.

Em segundo lugar, diante de crises econômicas e recessões, muitos governos e bancos centrais optam por criar dinheiro e aumentar a base monetária para tentar mitigar os efeitos negativos da crise e fazer com que a economia volte a crescer e prosperar o quanto antes. Por exemplo, durante a pandemia do Coronavírus em 2020 e em 2021, inúmeros governos ao redor do mundo criaram programas de incentivo à economia. A estrutura do programa de incentivo varia de país para país, mas, na maioria dos casos, o governo cria mais dinheiro e o distribui a pessoas ou empresas da maneira que achar mais eficiente. Apenas em 2020, alguns países aumentaram sua base monetária em quase 50% por conta de tais programas de incentivo econômico!

Também não existe consenso entre os economistas sobre se essa estratégia de aumento da base monetária para combater os efeitos negativos de crises financeiras é prejudicial ou benéfica à economia e aos cidadãos de um país no longo prazo. No curto prazo, obviamente alguns efeitos positivos são percebidos, como o aumento da renda da população mais pobre de um país, a redução no número de demissões, a redução no número de fechamento de empresas e assim por diante. Dito isso, dependendo de quão grande foi o aumento da base monetária, a médio e longo prazos pode ser gerado um efeito de inflação muito grande, trazendo inúmeros problemas para a economia desse país, podendo estes serem maiores e mais significativos do que os benefícios percebidos a curto prazo.

Em terceiro lugar, diante de guerras, praticamente todos os países e governos optam por criar mais dinheiro para financiar os custos da guerra.

Em quarto lugar, mesmo na ausência de grandes crises econômicas ou de períodos de recessão, muitos governos optam por aumentar a base monetária a fim de ter mais recursos para investir em programas de incentivo econômico, programas sociais e programas de outros tipos para melhorar a qualidade de vida de seus cidadãos e estimular o crescimento econômico. Mais uma vez, não existe consenso entre os economistas em relação a esse tipo de estratégia.

Como observado por Benjamin Franklin, já na época da constituição dos Estados Unidos, a criação de mais dinheiro por parte de um banco central ou governo poderia ser vista como um imposto indireto, uma vez que esse aumento da base monetária tende a desvalorizar o restante do dinheiro que já estava em circulação. Ou seja, acaba ocorrendo uma transferência de poder de compra da população e das empresas para o governo.

Para avaliar se essa estratégia pode ser eficiente no médio e no longo prazos, portanto, você precisa responder à pergunta se o governo e as entidades públicas conseguem fazer um investimento mais eficiente e mais bem direcionado do que a iniciativa privada faria com esse poder de compra.

Elon Musk, cofundador do PayPal e CEO da Tesla e da SpaceX, em 2021 compartilhou uma visão parecida no Twitter quando escreveu: "A inflação é a forma de imposto mais regressiva de todas, e mesmo assim é defendida por aqueles que se dizem progressistas."

O impacto da inflação em uma sociedade ou país é tão importante que Friedrich A. Hayek, ganhador do prêmio Nobel em economia, fez o seguinte comentário:

"Não acho exagerado dizer que a história é basicamente a história da inflação, e geralmente a inflação é criada pelos governos e para o benefício dos governos."

MEIOS PARA AUMENTAR A BASE MONETÁRIA

Já entendemos o que é base monetária, o que seu aumento ou diminuição acarreta para a economia e quais os motivos que podem levar um governo a aumentar essa base. Resta investigar quais são os meios disponíveis para um banco central ou um governo aumentar ou diminuir a base monetária. Obviamente os meios descritos a seguir se referem a países e economias que utilizam moedas fiat. Caso um país utilize um metal precioso como dinheiro, o seu governo e o banco central ficariam muito mais limitados para aumentar ou diminuir a base monetária e, às vezes, até impossibilitados disso.

O primeiro método, e o mais simples, para aumentar a base monetária é a criação de novo dinheiro por parte do banco central. Isso pode ocorrer criando-se mais dinheiro físico, no formato de moedas ou cédulas, ou dinheiro digital, simplesmente aumentando a reserva disponível para o banco central. Uma vez criado o dinheiro, existem diversos caminhos pelos quais ele poderá chegar nas mãos de bancos, pessoas e empresas, sendo dois deles os mais comuns. No primeiro, o banco central compra títulos de dívida e outros instrumentos financeiros no mercado de capitais, usando o novo dinheiro criado. Com essa transação, o banco central passa a ter esses títulos ou instrumentos financeiros como ativos, e, do outro lado da transação, pessoas, empresas e instituições recebem esse dinheiro para poder gastar da maneira que acharem mais eficiente. O segundo caminho mais comum para que o dinheiro criado pelo banco central entre na economia se dá por meio do empréstimo desse dinheiro do banco central para o governo do país, a fim de que o governo possa utilizá-lo em programas de estímulo econômico, programas de auxílio social e assim por diante.

Além da criação de novo dinheiro, o banco central e o governo também conseguem afetar a base monetária por meio da regulamentação do sistema bancário. Quando os primeiros bancos surgiram, tanto os públicos quanto os privados, a maioria operava com 100% de reservas. Isso quer dizer que todo o dinheiro que era emprestado existia fisicamente nos cofres do banco (o empréstimo se dava como uma concessão de crédito, dando um papel ou certificado ao tomador). O banco poderia emprestar tanto o seu próprio dinheiro quanto o de terceiros, que depositavam no banco com o objetivo de receber juros.

Por exemplo, se um banco tivesse cem moedas de ouro depositadas em seu cofre, no máximo ele realizaria empréstimos ou daria créditos no valor de cem moedas de ouro. Com o passar do tempo, a maioria dos bancos começou a operar sobre o que é chamado de reserva fracionária. Nesse modelo, o banco empresta mais dinheiro do que existe fisicamente em seus cofres. Usando o mesmo exemplo anterior de um banco com 100 moedas de ouro depositadas em seus cofres, caso esse banco operasse em um modelo de reserva fracionária com 50% de reserva, ele poderia realizar empréstimos em um valor de até 200 moedas de ouro.

Como é possível perceber, um sistema bancário que permite reservas fracionárias é capaz de aumentar a base monetária por meio do aumento de crédito. Hoje em dia, na maioria dos países ao redor do mundo, é o governo ou o banco central que determina o percentual mínimo de reservas que os bancos precisam ter. Por causa disso, o banco central e os governos conseguem também influenciar o crescimento ou a diminuição da base monetária por meio da regulamentação que determina as reservas bancárias mínimas. É curioso notar que, ao longo dos séculos e em praticamente quase todos os países, o valor dessas reservas sempre foi diminuindo. Hoje em dia, varia entre 5% e 20% na maior parte dos países.

CONCLUSÃO E UM AVISO DE RAY DALIO

Como vimos neste capítulo, base monetária é o total de dinheiro de um país disponível em certo momento. Ela é composta de todo o dinheiro físico (moedas e cédulas de papel) e, também, dos depósitos bancários de pessoas e de empresas, que hoje em dia quase sempre estão armazenados em formato digital. Ao longo dos últimos séculos, os governos de quase todos os países vêm gradualmente aumentando suas bases monetárias. Isso é feito por meio da criação de dinheiro novo pelo banco central desses países e pela redução da reserva mínima exigida dos bancos.

Grande parte dos economistas concorda que o aumento da base monetária é o principal fator por trás da inflação. Outro jeito de se interpretar a inflação é como sendo a desvalorização ou a perda do poder de compra da moeda de um país. Isso quer dizer que, ao longo do tempo, praticamente todas as moedas fiat ao redor do mundo vêm se desvalorizando e perdendo valor de compra.

Nos próximos capítulos, entenderemos como é possível se proteger contra essa desvalorização e essa perda de poder de compra. Finalizo este capítulo com uma citação de Ray Dalio, fundador e gestor de um dos maiores fundos de investimento do mundo, o *Bridgewater*. No artigo intitulado "O que eu penso do Bitcoin",[1] publicado em 2021, ele ressalta a importância de, justamente, se proteger contra a criação de novo dinheiro e do aumento de empréstimos e dívidas na economia:

> "Não há muitas alternativas de ativos semelhantes ao ouro neste momento de crescente necessidade deles (por causa de todas as criações de dinheiro e dívidas que estão em andamento e acontecerão no futuro)."

Ray Dalio explica, em seguida, que o Bitcoin pode ser uma dessas alternativas, por possuir características que o tornam uma reserva de valor.

---

[1] Artigo na íntegra: https://www.bridgewater.com/research-and-insights/ray-dalio-what-i-think-of-bitcoin

CAPÍTULO 05

CASOS DE HIPERINFLAÇÃO AO LONGO DA HISTÓRIA

Como veremos a seguir, casos de altas taxas de inflação (que também podem ser vistos como casos de acentuada perda de poder de compra de determinada moeda) existem desde que o homem é homem ou, pelo menos, desde que o homem começou a usar algum tipo de dinheiro para o comércio. Em alguns casos, essas altas taxas acabam virando altíssimas taxas de inflação, um fenômeno que é chamado de *hiperinflação*.

Previsivelmente para quem leu os capítulos anteriores deste livro, na maior parte dos casos, essas altas taxas de inflação foram causadas por um aumento constante e significativo da base monetária por parte de governos ou bancos centrais desses países ou civilizações.

INFLAÇÃO E O COLAPSO DO IMPÉRIO ROMANO

Se alguém lhe perguntasse quais foram as causas do colapso do Império Romano, imagino que você elencaria, entre as possíveis causas, guerras com outros povos e com os bárbaros e também conflitos políticos internos do próprio Império. Você não estaria errado, mas também não estaria completamente certo.

Muitos historiadores e economistas defendem que, além dos problemas causados pelas guerras constantes e pela instabilidade política, a inflação de preços e, portanto, a redução do poder de compra por grande parte da população, foi um fator igualmente importante para enfraquecer a estrutura do Império Romano.

Durante vários séculos, o império prosperou por meio da expansão de seu território e da conquista de outros povos, o que gerava novos recursos e novas fontes de receita por causa dos impostos pagos por esses povos.

A partir do século I d.C., as conquistas militares começaram a diminuir, colocando pressão na economia do império. Para continuar arcando com os gastos de um governo inchado e cheio de regalias, de um exército grande e que demandava pagamento ou se rebelaria e, também, de grandes projetos públicos, os governantes começaram a aumentar as taxas e a imprimir dinheiro.

Naquela época, o dinheiro não era feito com cédulas de papel, mas com moedas de metais preciosos, principalmente ouro e prata, e por causa disso o governo desenvolveu um artifício engenhoso para poder criar mais dinheiro sem depender de ter mais metais preciosos: começou a introduzir impurezas nos metais preciosos durante o processo de fabricação das moedas. Isso quer dizer que a partir da mesma quantidade bruta de prata ou de ouro, com a introdução de impurezas na mistura, agora o governo conseguiria criar um maior número de moedas.

O *denarius* era a principal moeda em circulação no Império Romano. Feita de prata, em seus primeiros tempos e durante o governo de Júlio César, era produzida com 95% desse metal. Ou seja, usava-se praticamente prata pura para a criação de cada moeda. Com a introdução das impurezas, a cada década o *denarius* passou a conter menos e menos prata. Durante o império de Marco Aurélio, chegou a conter 75% de prata e 25% de impurezas. A quantidade de prata nunca parou de cair, chegando a míseros 0,5% do teor da moeda em 268 d.C., durante o governo de Cláudio II. Note que, embora a quantidade de prata gradualmente tenha diminuído ao longo do tempo, o valor nominal da moeda se manteve, ou pelo menos assim o governo desejava. Com o tempo, a quantidade de moedas em circulação foi aumentando drasticamente, ocasionando o fenômeno de hiperinflação. Aliada aos altos impostos, a hiperinflação contribuiu para criar uma crise profunda na economia do Império Romano, o que acabou contribuindo também para o colapso total do império em si.

IUGOSLÁVIA E A MACIÇA IMPRESSÃO DE DINHEIRO EM 1992

Após a separação da República Socialista da Iugoslávia em 1992, um conflito armado se iniciou entre a nova República Federativa da Iugoslávia, composta de Sérvia e Montenegro, e a Croácia e a Bósnia e Herzegovina. O conflito militar colocou uma grande pressão na economia de todos os países envolvidos, não somente por causa dos gastos com a guerra, mas devido à destruição de parte do complexo industrial e, também, pelo comércio entre essas regiões, que deixou de existir. Para piorar a situação, entre 1992 e 1993 as Nações Unidas impuseram um embargo internacional de comércio com a nova República Federativa da Iugoslávia, aumentando os problemas mencionados.

O governo e o setor público do país eram grandes e, portanto, geravam altos custos de manutenção. Quando a atividade econômica caiu, reduzindo também os impostos, a dívida do governo disparou. Passou de 3% do PIB, em 1990, para quase 30% do PIB, em 1993. Para poder arcar com esses gastos e dívidas, o governo começou a imprimir dinheiro em um ritmo frenético. No auge da hiperinflação, calcula-se que os preços poderiam aumentar até 60% em um único dia.

No começo de 1994, o *dinar*, a então moeda oficial da República Federativa da Iugoslávia, colapsou completamente. O país passou a utilizar o marco alemão como nova moeda oficial para transações financeiras, inclusive para o pagamento de impostos.

ZIMBABWE E A CRISE DE 2008

O Zimbabwe conquistou sua independência em 1980, e nos primeiros anos adotou uma política econômica sensata e austera, com relativamente pouco aumento de sua base monetária e com a contenção dos gastos públicos. Após alguns anos, e como acontece em muitos governos e países, a austeridade e a responsabilidade fiscal foram dando espaço a um aumento no tamanho do governo e do setor público no país e, consequentemente, um aumento dos gastos e da dívida pública.

Em 2008, Robert Mugabe assumiu o poder do país, que já estava muito endividado. A comunidade financeira internacional não concordava com muitas de suas políticas e, portanto, removeu as linhas de crédito e os empréstimos disponíveis para o Zimbabwe. Para pagar as dívidas e continuar bancando os enormes gastos do governo, Robert Mugabe decidiu, como esperado, começar a imprimir dinheiro. A situação socioeconômica começou a ficar instável e boa parte da população passou a se sentir insatisfeita. Para garantir sua estabilidade no poder, Mugabe decidiu dobrar os salários dos militares. Evidentemente o país não tinha dinheiro para bancar esse custo, portanto mais dinheiro precisou ser impresso. Obviamente, o resultado foi a hiperinflação. No auge, os preços chegaram a dobrar a cada 24 horas. A moeda oficial na época era o zimbabwe dólar, e a situação era tão grotesca que, a um certo momento, o governo começou a imprimir notas com valor nominal de cem trilhões de zimbabwe dólares.

Como esperado, em questão de meses o zimbabwe dólar entrou em colapso total e foi substituído por moedas de outros países, que passaram a circular e a ser usadas pela população.

TUDO ISSO AFETA VOCÊ TAMBÉM

Embora os exemplos anteriores sejam extremos, quase todos nós somos afetados pela inflação e pela desvalorização da moeda, mesmo as taxas sendo menores do que as desses exemplos, em que houve hiperinflação.

Por exemplo, este capítulo está sendo escrito em fevereiro de 2021, e neste momento a inflação dos últimos 12 meses no Brasil, medida pelo IGP-M (Índice Geral de Preços — Mercado) é de 28,6%. Isso quer dizer que, na média, um bem que custava 100 reais um ano atrás hoje custa quase 130 reais. Se isso não lhe parece uma aceleração acentuada, imagine o efeito composto ao longo de anos e décadas.

Mesmo o poderoso dólar estadunidense, que é usado como uma das principais reservas financeiras ao redor do mundo tanto por pessoas e empresas quanto por governos, ao longo dos últimos cem anos vem perdendo valor frente a ativos com oferta limitada, como o ouro.

Em 1913, quando o Fed foi criado, eram necessários cerca de US$20 para comprar uma onça de ouro. Em 1934, você já precisava de US$35 para comprar a mesma quantia de ouro. Em 2008, acredite ou não, o preço da mesma onça, que em 1913 custava US$20, chegou a US$1.800.

Para ilustrar o tamanho do impacto que a desvalorização de uma moeda e da inflação pode ter ao longo das décadas, veja o seguinte exemplo. Uma família, que em 1913 tinha US$10 mil em economias e guardou esse dinheiro embaixo do colchão, hoje teria os mesmos US$10 mil e não compraria com eles nem mesmo um Toyota Corolla. Já uma segunda família, que também tinha US$10 mil em economias em 1913, mas que, para se proteger dos efeitos da inflação e da desvalorização da moeda, comprou 500 onças de ouro e as guardou, em 2008 poderia vender essas 500 onças de ouro por US$900 mil. Uma bela diferença, não?

CAPÍTULO 06

AS TRÊS REGRAS DE OURO

No próximo capítulo, apresentarei quatro ativos que tendem a ganhar valor em relação a moedas fiat ao longo do tempo e que, portanto, podem ser usados como proteção contra a perda de poder de compra dessas moedas. Antes disso, porém, quero listar as três regras de ouro que sigo para estruturar meus investimentos e a gestão de meu patrimônio. Sempre que quebrei uma dessas regras, me arrependi.

REGRA Nº 1: SEMPRE DIVERSIFIQUE SEUS INVESTIMENTOS E ATIVOS

Essa é uma regra básica e antiga. Como já diz o velho ditado: não coloque todos seus ovos em uma mesma cesta. Mesmo assim, muitas vezes nos esquecemos de aplicá-la, consciente ou inconscientemente. Por exemplo, podemos gostar mais de um certo tipo de ativo, como imóveis, e focar todos os nossos investimentos neles. Isso seria um erro, uma vez que não é possível garantir que qualquer tipo de ativo terá um desempenho melhor do que os outros ao longo do tempo.

Um ponto importante: a ideia aqui é diversificar não somente os tipos de ativos nos quais você investe, mas também a composição desses ativos e até mesmo os países e as economias nos quais estão os ativos. Por exemplo, em vez de investir somente em imóveis, você pode investir em imóveis, ações e ouro. Quando for escolher os imóveis, no lugar de focar uma única região ou cidade, invista em várias cidades ou se possível em vários países (é possível utilizar fundos de investimento imobiliário para diversificar seus investimentos em imóveis sem precisar de quantias gigantescas de dinheiro para comprar o imóvel inteiro).

Nessa mesma linha de raciocínio, se for investir em ações, busque diversificar bem o seu portfólio ou considere investir em índices, como o índice Bovespa, que são compostos de um grande número de ações, em diversos segmentos.

Uma pesquisa realizada nos Estados Unidos, em 2018, corrobora esse ponto.[1] Segundo esse trabalho, cerca de 92% dos gestores profissionais de fundos de investimento, em um horizonte temporal de 15 anos, tiveram um desempenho pior do que o índice da bolsa. Isso quer dizer que, ao escolher algumas ações específicas, cuja lucratividade eles acreditavam que seria boa, o desempenho geral do portfólio deles acabou ficando abaixo do desempenho do índice S&P, equivalente ao índice Bovespa no Brasil. Ou seja, em vez de ficar escolhendo a dedo ações porque você acha que consegue identificar as que terão um desempenho melhor, na maioria dos casos é mais rentável e prudente você diversificar o máximo possível ou simplesmente investir no índice como um todo.

REGRA Nº 2: NUNCA VENDA, SÓ COMPRE

Essa é uma regra muito importante para aumentar seu patrimônio e, consequentemente, sua riqueza, ao longo do tempo. Obviamente ela não se aplica a itens do dia a dia, como eletrodomésticos ou eletrônicos, mas a bens de maior valor e ativos que tendem a se valorizar ao longo do tempo, se comparados à moeda fiat. Exemplos incluem imóveis, ações

---

[1] https://www.aei.org/carpe-diem/more-evidence-that-its-very-hard-to-beat-the-market-over-time-95-of-financial-professionals-cant-do-it/

de empresas, ouro e outros metais preciosos, investimentos financeiros de longo prazo, carros antigos, obras de arte e assim por diante. Muitas vezes, vendemos esses artigos por pensar que o preço deles no mercado está alto, ou para viabilizar a troca por algum outro artigo. No longo prazo, porém, essa decisão quase sempre faz com que deixemos de aumentar nosso patrimônio e, no pior dos casos, até mesmo percamos o patrimônio que já tínhamos.

Por exemplo, suponha que você já tenha casa própria em uma cidade, mas foi transferido para uma cidade distante por causa do trabalho. No lugar de vender seu imóvel para tentar comprar outro na nova cidade, você poderia alugá-lo e, com o tempo, se esforçar para comprar outro na nova cidade.

Essa regra tende a funcionar por dois fatores. O primeiro é o fator de uma fria análise financeira. Ao vender seu imóvel na cidade A para tentar comprar outro na cidade B, caso as transações não ocorram praticamente ao mesmo tempo, você corre o risco de perder dinheiro por causa da desvalorização da moeda em seu país. Por exemplo, poderia demorar 6 ou 12 meses entre o momento da venda do seu imóvel e da aquisição de um novo imóvel na nova cidade, e não é impensável que a moeda de seu país se desvalorize 10%, 20% ou até mais nesse mesmo período, fazendo com que você não consiga comprar uma casa de mesmo tamanho ou padrão de qualidade em relação a que tinha, efetivamente perdendo dinheiro e riqueza.

Além do fator da análise financeira, essa regra também age sobre um fator emocional da natureza humana. Como diz o velho ditado: dinheiro na mão é furacão. Ao se desfazer de um ativo de grande valor e ter esse valor líquido e disponível em sua conta bancária, é fácil e comum perder o controle e começar a gastar de um modo não tão prudente. Por outro lado, ao não se desfazer do seu imóvel atual e buscar adquirir outro na nova cidade, seja por um financiamento ou construindo uma casa, você se obrigará a poupar, a descobrir novas formas de economizar, a tentar ganhar mais dinheiro em seu trabalho, a começar alguma atividade paralela para complementar o seu rendimento e assim por diante, a fim de cumprir suas obrigações no caso de um financiamento ou de finalizar a construção de sua casa.

Ou seja, ao vender um ativo de alto valor, muitas vezes o dinheiro resultante da venda vai sumir sem mesmo sabermos para onde ele foi. Por outro lado, ao se comprometer a adquirir um novo ativo de alto valor, muitas vezes o dinheiro surge sem sabermos de onde está vindo. Obviamente, cada pessoa precisa analisar a própria situação financeira para decidir se a estratégia de não vender e somente comprar faz sentido naquele momento. Caso você seja mesmo obrigado a vender um ativo para comprar outro, pelo menos faça o negócio "casado". Ou seja, se for vender um imóvel para comprar outro, só concretize a venda uma vez que a compra já esteja acertada, para não correr o risco de ficar com o dinheiro na mão sofrendo desvalorização ou gastá-lo em supérfluos.

Anteriormente eu dei o exemplo da aplicação dessa regra com imóveis, pois é o que melhor ilustra a situação, mas a regra se aplica a praticamente qualquer outro ativo. Por exemplo, suponha que você tenha um investimento em ouro, mas esteja querendo investir também em ações. Caso o preço do ouro esteja relativamente alto, você pode se ver tentado a vender seu investimento em ouro para realocar esse dinheiro em ações. Uma estratégia melhor poderia ser manter seu investimento em ouro e, gradualmente, mês a mês, começar a investir em ações. Desse modo, após alguns anos você teria os dois investimentos, um em ouro e o outro em ações.

REGRA Nº 3: COMPRE E ESQUEÇA

No mercado de ações, o termo *buy and hold* ilustra uma estratégia de investimento. A ideia é comprar ações de alguma empresa e mantê-las por um longo prazo. Esse procedimento se opõe às estratégias de *day trading* e *swing trading*, que envolvem comprar e vender as ações em prazos menores. O day trading é a compra e venda das ações no mesmo dia, já o swing trading é a compra em um dia com a venda após alguns dias ou semanas. Na minha opinião, a estratégia buy and hold, além de tomar muito menos do seu tempo, tende a gerar resultados melhores no longo prazo. Justamente por isso, a minha regra é uma adaptação dela para um prazo ainda maior. Ao invés de buy and hold, a estratégia se chama *buy and forget*, ou seja, compre e esqueça. A palavra "esqueça" aqui é muito importante. Com ativos como ações de empresas, que têm uma volatilidade relativamente alta, é comum que as pessoas passem a acompanhar a variação do preço semanalmente ou até mesmo diariamente. Na minha opinião, isso é um péssimo hábito. Além de fazer você perder tempo, muitas vezes pode levá-lo a tomar decisões equivocadas, como vender as ações diante de uma valorização no curto prazo, fazendo com que se perca uma valorização ainda maior que poderia ocorrer no longo prazo.

No mercado de ações, muitas vezes os investidores que têm os melhores resultados são aqueles que seguram as ações de certa empresa por dez, quinze ou até mesmo vinte anos. Como é possível imaginar, um investidor que fica monitorando os ganhos do papel semanalmente ou diariamente muitas vezes vai ser tentado a vendê-los. A estratégia "compre e esqueça" ajuda o investidor a ter a mão firme para segurar o investimento no longo prazo.

Ilustrei a aplicação dessa regra com o mercado de ações, pois é o que melhor exemplifica, mas, da mesma forma que a anterior, esta regra se aplica praticamente a qualquer ativo. Se você comprar um terreno em um bairro novo na sua cidade e ficar acompanhando a evolução do preço dele no curto prazo, poderá se ver tentado a vendê-lo quando obtiver, por exemplo, um aumento de 25% sobre o preço que pagou. Ao fazer isso, porém, você poderia estar perdendo a grande valorização que ainda está por vir, quando esse bairro ou região da cidade vier a crescer e se valorizar, o que poderia multiplicar até várias vezes o valor inicial que foi pago pelo terreno.

Uma ressalva: quando digo "compre e esqueça" não estou dizendo que você não precisará mais se informar sobre as condições de mercado que afetam as empresas nas quais você investiu, as regiões onde comprou os imóveis e assim por diante. Para investir bem, proteger e aumentar o seu patrimônio, é de suma importância estar sempre bem informado sobre o que está acontecendo na sua cidade, estado, país e no mundo. Em certas ocasiões, também será necessário quebrar a regra do "compre e esqueça" e reajustar seu portfólio. Um exemplo seria um evento catastrófico que possa afetar no longo prazo alguma empresa da qual você comprou ações ou a região onde você comprou imóveis. Nesses casos, é necessário agir de modo firme e incisivo, possivelmente se desfazendo dos ativos para conter as perdas. Dito isso, casos catastróficos e eventos extremos são raros. Por isso, a estratégia "compre e esqueça" geralmente funciona no longo prazo.

CAPÍTULO 07

4 ATIVOS PARA SE PROTEGER DA INFLAÇÃO

Abaixo eu listo quatro ativos que, geral e historicamente, oferecem proteção contra a inflação de preços e a desvalorização de moedas fiat.

Obviamente, esta lista não representa uma sugestão ou recomendação de investimentos. Apenas apresentarei as variações de preço históricas desses ativos comparados a algumas moedas fiat, bem como o racional para eles oferecerem proteção contra a inflação. Deixarei que o leitor faça sua própria análise e tire suas próprias conclusões: se, para ele, vale a pena ou não investir em cada um desses ativos.

Uma análise e uma interpretação individual por parte de cada leitor se fazem ainda mais necessárias uma vez que cada moeda fiat tem um comportamento diferente. Por exemplo, é possível que, para alguém que more na Argentina, faça total sentido investir em imóveis, mas não em ações, enquanto para alguém que more nos Estados Unidos ambos os investimentos sejam bons no longo prazo. Isso porque a inflação e o retorno desses ativos, dependendo do horizonte temporal considerado, pode ser muito diferente nesses dois países. Além disso, a moeda de um país pode ser utilizada de um modo diferente da de outro país. Por exemplo, o dólar dos Estados Unidos é usado como reserva por empresas e governos ao redor do mundo, o que faz com que essa moeda se comporte de modo diferente da maioria das outras em relação à desvalorização e à perda de poder de compra.

ATIVO Nº 1: IMÓVEIS E FUNDOS DE INVESTIMENTO IMOBILIÁRIOS

O primeiro ativo que geralmente oferece proteção contra a inflação e contra a desvalorização das moedas são os imóveis. Isso acontece, em primeiro lugar, porque os imóveis representam um dos principais itens negociados em uma economia ou sociedade, uma vez que todo mundo precisa de um lugar para morar. Sendo assim, caso a base monetária aumente, elevando o preço dos itens e das mercadorias da economia, o preço dos imóveis tende a acompanhar essa variação.

Em segundo lugar, por causa da lei da oferta e da demanda, os preços dos imóveis naturalmente tendem a aumentar ao longo do tempo, uma vez que a demanda vem crescendo em um ritmo mais rápido que a oferta ao longo das últimas décadas.

A quantidade de terra disponível para a construção de casas e edifícios no planeta é limitada, mas a população, na maioria dos países, vem crescendo. É verdade que o ritmo do crescimento populacional tem diminuído em países desenvolvidos, mas ainda estamos longe de alcançar o pico populacional em praticamente todos os países. Os Estados Unidos, por exemplo, têm a projeção de só alcançar o pico de sua população em 2060, quando atingirá 400 milhões de habitantes.

Note que, para investir em imóveis, não é necessário ter a quantia toda para a aquisição de uma casa, terreno ou apartamento. Fundos de investimento imobiliários, também conhecidos pela sigla FII, são instrumentos de investimento criados para resolver exatamente esse problema. O fundo basicamente capta dinheiro de uma grande quantidade de investidores e o investe em imóveis, que geralmente são colocados para locação. Cada investidor, dessa maneira, detém certa cota do fundo, a qual é negociada livremente no mercado. Ou seja, com um investimento a partir de 5 mil ou 10 mil reais você já conseguiria comprar uma pequena cota de um fundo que controla imóveis comerciais, shopping centers e assim por diante.

Caso opte por investir em um fundo imobiliário, assegure-se de que as taxas de administração são baixas e que existe transparência e diversificação em relação aos imóveis investidos.

ATIVO Nº 2: OURO

Como vimos nos capítulos anteriores, o ouro serviu como dinheiro em diversas épocas da história e em diversas civilizações, sociedades e países. Até hoje ele continua tendo uma importância muito grande no sistema financeiro internacional, sendo usado como reserva de valor por quase todos os governos, e por muitas empresas e pessoas.

Além de aumentar seu valor frente às moedas fiat ao longo do tempo, o ouro é especialmente útil em momentos de grandes crises financeiras e incertezas econômicas. Nesses momentos, as pessoas, as empresas e os governos buscam se "refugiar" no ouro ainda mais, acentuando a valorização do metal precioso. O ponto negativo dos investimentos em ouro é a relativa burocracia para comprar e armazenar o ativo.

Algumas mineradoras vendem ouro pela internet. Você realiza a compra e eles entregam a barra em sua residência. O processo tende a ser seguro, mas depois você terá que armazená-lo em algum lugar também seguro e sigiloso. Alguns bancos oferecem a possibilidade de comprar ouro, que fica custodiado no próprio banco. É um processo mais cômodo, mas com a desvantagem de ter que se pagar uma taxa de custódia ao banco. Por fim, é possível comprar e vender ouro escritural na bolsa. A desvantagem aqui é, muitas vezes, a quantidade mínima que pode ser negociada e, também, a falta de liquidez nos papéis que representam quantidades menores de ouro.

ATIVO Nº 3: AÇÕES

Ações de uma empresa tendem a oferecer proteção contra a inflação pelo seguinte motivo: com o aumento da base monetária, os preços dos produtos e serviços na economia tendem a subir, mas esses produtos e serviços são fornecidos e vendidos justamente pelas empresas, portanto a receita delas tende também a subir e acompanhar a inflação. Com isso, as empresas se tornam relativamente mais valiosas e o preço das ações também sobe. Além disso, quando os governos lançam programas de estímulo socioeconômico, muitas pessoas utilizam o dinheiro distribuído nesses programas para investir no mercado de ações, aumentando a demanda por esses ativos e, consequentemente, aumentando seu preço.

Há, porém, um fator em relação ao comportamento do mercado de ações que exige cautela. Segundo a Escola Austríaca de Economia, o aumento da base monetária ao longo do tempo é a principal causa dos ciclos de expansão econômica e da recessão, que se intercalam em quase todas as economias do mundo.

A explicação é a seguinte: conforme os bancos centrais e os governos criam mais dinheiro e aumentam o acesso a ele e, também, a empréstimos, artificialmente eles acabam incentivando obras e empreendimentos que não são tão sólidos e que só começam por causa da abundância de capital disponível no mercado.

Caso a oferta de dinheiro e de empréstimos seja voltada às pessoas físicas, pode ocorrer um aumento na aquisição de bens como imóveis por pessoas que não têm solidez financeira suficiente para honrar com os pagamentos futuros dessas aquisições. Enquanto o governo continua criando mais dinheiro e o injetando no mercado, bem como, artificialmente, mantendo as taxas de juros baixas para estimular os empréstimos, esse ciclo de expansão artificial continua, e muitas vezes chega a durar uma década ou mais.

Quando o governo e o banco central optam por reduzir o ritmo de criação de dinheiro e de facilitação de empréstimos, ou se veem obrigados a isso, muitos desses empreendimentos começam a fracassar e muitas pessoas que realizaram, sem solidez financeira, a aquisição de um imóvel começam a dar calotes nos pagamentos.

O problema gradualmente vai se espalhando para toda a economia, até que uma crise financeira estoura, muitas vezes colocando a economia do país em uma recessão que pode durar vários anos. Ou seja, a cautela que você deve ter ao investir no mercado de ações é a de monitorar os ciclos econômicos do seu país e tentar evitar a exposição a esse tipo de ativo durante as crises e antes das recessões mais severas.

ATIVO Nº 4: CRIPTOMOEDAS

Nos próximos capítulos abordaremos mais detalhadamente as criptomoedas, explicando exatamente o que são e por que vêm se valorizando muito e aparecendo nas manchetes de todo o mundo.

O principal fator que permite que criptomoedas ofereçam proteção contra a inflação e a desvalorização de moedas fiat é sua oferta restrita. Quase sempre, ativos digitais são infinitamente replicáveis, por se tratar apenas de bits armazenados no computador. Por exemplo, uma música em formato digital pode ser copiada infinitas vezes, sendo necessário apenas replicar a sequência de bits que representa a canção. Justamente por essa limitação, as tentativas de se criar um dinheiro digital sempre fracassaram.

O Bitcoin foi a primeira forma de dinheiro digital que conseguiu resolver esse problema. O Bitcoin e as outras criptomoedas são ativos digitais não replicáveis. Você não consegue copiar um Bitcoin ou usar o mesmo bitcoin duas vezes. Além disso, o software que controla o funcionamento do Bitcoin e de sua rede foi projetado para ter uma oferta finita. No máximo, existirão em circulação 21 milhões de bitcoins, dos quais pouco mais de 18 milhões já foram distribuídos.

Obviamente, de todos os ativos listados aqui, o Bitcoin e as criptomoedas em geral são os mais novos e tecnologicamente mais complexos, portanto são mais arriscados como forma de investimento.

Nos próximos capítulos, ilustraremos os funcionamentos e os conceitos por trás da tecnologia das criptomoedas, para que o leitor possa avaliar por si próprio os riscos envolvidos nas operações com esse ativo.

O que gera a demanda por bitcoins e consequentemente sua valorização ao longo do tempo? Justamente a crença das pessoas ao redor do mundo de que esse ativo terá cada vez mais valor, uma vez que sua oferta é limitada e não pode ser controlada ou aumentada por nenhum governo ou instituição. Isso ocorre porque o software e a rede Bitcoin são descentralizados.

Tudo indica que o Bitcoin foi criado justamente para solucionar e oferecer uma proteção contra o problema da impressão desenfreada de dinheiro por parte da maioria dos governos ao redor do mundo.

O primeiro bloco minerado em 2009 (nos capítulos a seguir entenderemos o que é o processo de mineração) continha a seguinte mensagem:

> "The Times 03/Jan/2009 Chancellor on brink of second bailout for banks."

Uma tradução livre para o português seria:

> "Chanceler à beira de socorrer os bancos pela segunda vez."

O texto faz menção a uma matéria publicada em janeiro de 2009, no jornal inglês *The Times*. Na matéria, foi noticiado que o então ministro das finanças do governo inglês estava considerando imprimir e injetar bilhões de euros na economia, em parte a fim de tentar resgatar os bancos que estavam enfrentando dificuldade para manter suas contas em dia.

SEÇÃO III

ENTENDENDO O QUE É BITCOIN

CAPÍTULO 08

UMA BREVE HISTÓRIA DO BITCOIN

Quando comecei a escrever este livro, a ideia era falar somente sobre Bitcoin, mas rapidamente percebi que, para explicar o que é o Bitcoin e porque as criptomoedas têm o potencial de revolucionar o sistema financeiro do mundo todo, seria necessário começar a explicação e a abordagem bem mais longe, no passado, com o surgimento do dinheiro em si, como fizemos no primeiro capítulo.

Também necessários para explicar o Bitcoin são os conceitos de oferta e demanda, de base monetária, de impressão do dinheiro e de inflação. Todos já foram abordados em capítulos passados, portanto agora já temos o entendimento e o contexto necessários para começar a falar sobre o Bitcoin em si.

UMA BREVE HISTÓRIA DO BITCOIN

Tudo começou em 2008, quando alguém, cuja identidade não se conhece até hoje (não sabemos nem se se trata de só uma pessoa, ou de um grupo, uma entidade ou uma nação), com o pseudônimo de Satoshi Nakamoto publicou um whitepaper intitulado "Bitcoin — a peer-to-peer electronic cash system",[1] no qual é descrita uma moeda digital baseada em criptografia.

A tradução de "a peer-to-peer electronic cash system" seria "um sistema eletrônico de dinheiro ponto-a-ponto" (explicaremos adiante o significado disso).

Satoshi Nakamoto divulgou seu projeto e o whitepaper em uma lista de e-mails para entusiastas de criptografia. Ele escreveu exatamente em 31 de outubro de 2008 (a tradução a seguir é minha, e não se preocupe se não entender nada!):

> "Estou trabalhando em um novo sistema de dinheiro eletrônico totalmente peer-to-peer, sem entidade central para manter a confiança do sistema.

"As principais propriedades:

> » O gasto duplo é evitado com uma rede peer-to-peer.
> » Sem entidade central para manter a confiança do sistema.
> » Os participantes podem ser anônimos.
> » Novas moedas são feitas com proof-of-work, no estilo Hashcash.
> » O proof-of-work para a nova geração de moedas também sustenta a rede para evitar gastos duplos.
>
> "Bitcoin: um sistema de dinheiro eletrônico peer-to-peer.
>
> "Abstrato: uma versão puramente peer-to-peer de dinheiro eletrônico permitiria que pagamentos online fossem enviados diretamente de uma parte para outra sem o ônus de passar por uma instituição financeira. As assinaturas digitais fornecem parte da solução, mas os principais benefícios são perdidos se uma entidade central ainda for necessária para evitar gasto duplo.

---

[1] Segue o link para quem desejar baixar e ler o whitepaper: https://bitcoin.org/bitcoin.pdf

Propomos uma solução para o problema do gasto duplo usando uma rede peer-to-peer. A rede coloca um carimbo digital de data nas transações incluindo o hash delas em uma cadeia contínua de proof-of-work, formando um registro que não pode ser alterado sem refazer toda a prova de trabalho. A cadeia mais longa não serve apenas como prova da sequência de eventos testemunhados, mas garante que ela veio do maior pool de poder computacional. Desde que os nós honestos controlem a maioria do poder computacional na rede, eles podem gerar a maior cadeia e ultrapassar quaisquer atacantes. A rede requer recursos mínimos. As mensagens são transmitidas no estilo best effort, e nós podem sair e se juntar à rede a qualquer momento, aceitando a cadeia mais longa do proof-of-work como prova do que aconteceu enquanto eles se foram."

Como disse, todos os conceitos anteriores serão explicados nos próximos capítulos e, caso tenha curiosidade, você pode ler todos os e-mails enviados por Satoshi Nakamoto.[2]

Note que já existiam muitas tentativas anteriores de criar dinheiro digital utilizando computadores e a internet, mas todas falharam devido a estas três principais causas:

1. Eram relativamente centralizados (mais risco).
2. Não obtiveram adoção de comerciantes.
3. Não resolveram o problema do double-spending/consenso.

Em 2009, a rede de Bitcoin começou a funcionar efetivamente, e o próprio Satoshi Nakamoto minerou o primeiro bloco da rede. Nos próximos capítulos será explicado o que cada um desses termos (minerar e bloco de rede) significa, mas o fato é que com essa mineração ele gerou os primeiros 50 Bitcoins e assim tudo começou.

---

[2] https://satoshi.nakamotoinstitute.org/emails/

No início eram basicamente programadores e apaixonados por criptografia que estavam seguindo a evolução do Bitcoin, e não sabiam ao certo se iria funcionar ou não e, mesmo funcionando, qual uso o Bitcoin teria.

Em 2010, começaram as primeiras tentativas de usar o Bitcoin para se fazer transações comerciais. Nessa época, um Bitcoin ainda valia poucos centavos. Uma história curiosa: nesse ano, um programador chamado Laszlo Hanyecz pagou 10 mil Bitcoins por 2 pizzas nos Estados Unidos. Se convertermos para o valor da data em que escrevo este capítulo, em que um Bitcoin está valendo em torno de R$350.000,00, podemos dizer que essas pizzas acabaram custando para ele R$3,5 bilhões!

Em 2011, o Bitcoin começou a ser usado para atividades ilícitas como compra e venda de drogas em algumas plataformas online, entre as quais a mais famosa delas era o *Silk Road* (cujo dono acabou sendo preso e até virou filme). Com esse aumento de atividade, o preço da moeda virtual começou a subir bastante e em 2011 ele acabou alcançado a paridade com o dólar, portanto 1 Bitcoin passou a valer cerca de US$1.

Em 2013, começaram a surgir as *Exchanges*, plataformas online que permitem que as pessoas comprem e vendam Bitcoin com mais segurança. Se trata de uma espécie de corretora de ações, mas para criptomoedas. A mais famosa delas era a MT. Gox, e, graças a essas exchanges, a popularidade do Bitcoin cresceu bastante, uma vez que facilitaram a compra do Bitcoin por pessoas leigas em programação.

Antes do surgimento das exchanges, caso você quisesse comprar Bitcoin seria necessário achar alguém interessado em vender em fóruns online. O que era uma perda de tempo. Além do risco de levar um golpe.

Por essa razão, no fim de 2013, a moeda chegou a bater US$1.000 e começou a ganhar espaço na mídia e mais atenção da população em geral.

No início de 2014, a MT. Gox declarou falência e cessou as atividades. Logo após, eles anunciaram que haviam sido hackeados e que cerca de 850 mil Bitcoins tinham sido perdidos ou roubados. Por se tratar da maior exchange do mundo na época, o episódio acabou afetando a confiança na moeda em si (mesmo o roubo não tendo nada a ver com a segurança do Bitcoin, pois foi uma falha da própria exchange). Por causa disso, nos anos de 2014, 2015 e 2016, o valor da moeda caiu muito, ficando em torno de US$200 e US$300. Somente em 2017, o mercado voltou a ter confiança e interesse no Bitcoin, que no começo desse ano voltou a atingir o valor de US$1.000.

Ao longo de 2017, podemos dizer que tivemos a primeira febre pelo Bitcoin. A moeda apareceu em todas as mídias ao redor do mundo, aumentando muito o interesse e a curiosidade das pessoas e fazendo com que seu valor disparasse, chegando a alcançar US$19.000 no fim do ano.

Entre 2018 e 2020, passamos por um período chamado de "inverno das criptomoedas". O preço do Bitcoin oscilou muito, chegando a cair até os US$4.000. Somente no fim de 2020 o preço começou a subir de novo, e então voltamos a viver uma nova febre. Em questão de meses o preço do Bitcoin subiu a ponto de triplicar a máxima anterior, ultrapassando os US$60.000.

O que acontecerá nos próximos anos, ninguém sabe, mas o Bitcoin já pode ser considerado a maior inovação do sistema financeiro das últimas décadas, e existe o potencial de que as criptomoedas revolucionem uma série de segmentos e mercados, como veremos nos próximos capítulos.

CAPÍTULO 09

O QUE É BITCOIN?

Neste capítulo, apresentaremos uma explicação inicial e superficial sobre o Bitcoin. O objetivo é fazer com que uma pessoa completamente leiga no assunto entenda pelo menos do que se trata e quais são as principais características do Bitcoin.

A maioria dos pontos, neste capítulo, será retomada e explicada com mais detalhes e profundidade em capítulos futuros. Nós focaremos o Bitcoin, mas o leitor deve ter em mente que essas características se aplicam praticamente a qualquer criptomoeda, com alguma variação.

O QUE É BITCOIN?

A resposta mais simples seria: é uma forma de dinheiro. Podemos dizer que o Bitcoin é algo como o ouro, a prata, o dólar, o real etc., usados para facilitar o comércio entre as pessoas.

Como vimos no primeiro capítulo, qualquer coisa ou mercadoria que pretenda ser uma forma eficiente de dinheiro precisa ter estas três características:

1. Ser amplamente aceito na troca por outros produtos e serviços.
2. Preservar seu valor ao longo do tempo.
3. Ser facilmente mensurável e fracionado.

O Bitcoin se propõe a ter essas três características. Obviamente cabe discussão em relação a quão forte cada uma dessas características é no Bitcoin, mas não entraremos nesse mérito agora.

A primeira grande diferença dessa moeda em relação às outras formas de dinheiro que estamos acostumados a usar é que ela é 100% digital. Ou seja, não é possível tocar um Bitcoin. Ele existe somente como bits armazenados em computadores. Talvez sua poupança também esteja armazenada como bits em um computador, mas você consegue trocá-la por células físicas se quiser. O mesmo não acontece com o Bitcoin, que existe única e exclusivamente no formato digital.

Mesmo sendo uma moeda digital, o Bitcoin se propõe a ter anonimato. Ou seja, oferecer a mesma privacidade que qualquer pessoa teria ao realizar uma compra com dinheiro em espécie. Quando alguém vai a uma loja e paga em espécie, o dono dessa loja não vai ter nenhuma informação sobre o comprador. O Bitcoin se propõe a manter o mesmo anonimato, só que digitalmente. Não é fácil conseguir esse objetivo, pois transações online tendem a deixar rastros. Também é discutível se o Bitcoin realmente mantém 100% de anonimato ou não, mas esse é um detalhe mais técnico que será abordado em um capítulo futuro.

A segunda grande diferença entre o Bitcoin e as formas de dinheiro tradicionais é que este tem uma base monetária fixa. Isso quer dizer que existe um número máximo de Bitcoins que vão estar em circulação, que é de 21 milhões. No momento em que escrevo este capítulo (2021) já estão em circulação cerca de 18 milhões.

Como um Bitcoin novo entra em circulação? Quando um minerador cria um bloco novo, ele recebe certo número de Bitcoins como recompensa por ter criado esse bloco (entenderemos o processo de mineração nos próximos capítulos). Então assim, gradualmente, vai crescendo o número de Bitcoins em circulação, até que se chegue a esses 21 milhões. Depois disso não vai ser criado mais nenhum Bitcoin. Esse mecanismo deliberadamente tentou se aproximar do que ocorre com o ouro, que tem uma oferta limitada, (as reservas de ouro que estão no solo ao redor do mundo) e todo ano um pouco mais do precioso metal é extraído.

> **Uma observação importante:** ao serem questionadas sobre o lastro do Bitcoin, muitas pessoas respondem que o Bitcoin é seu próprio lastro, ou que o algoritmo/software é o lastro. Isso revela uma confusão sobre a definição de lastro em si. Na realidade, o Bitcoin não tem nenhum lastro. Mesmo sem lastro, porém, se trata de uma moeda/dinheiro com escassez, pois o próprio algoritmo/software garante essa escassez. Talvez a confusão venha do fato que, de certa forma, no passado era o lastro em ouro que garantia a escassez da maioria das moedas ao redor do mundo. Ou seja, o lastro gera escassez, mas nem tudo que gera escassez é lastro.

A terceira grande diferença é o fato de o Bitcoin ser uma moeda descentralizada. Isso se manifesta de diversas maneiras. Em primeiro lugar, não existe uma autoridade central que controla o Bitcoin. Não há um governo por trás dele, nem uma empresa. Por exemplo, no caso do PayPal, que é um meio de pagamento online, existe a empresa PayPal, que controla todas as transações, diz se a transação é válida ou não, consegue reverter a transação etc. No caso do Bitcoin não existe nenhuma autoridade central.

Muitas vezes, o Bitcoin é descrito como uma rede peer-to-peer, ou uma moeda peer-to-peer, mas no fundo é o mesmo que dizer que é descentralizado. Em uma rede peer-to-peer as transações ou comunicações são feitas de um usuário para outro, sem passar por um servidor central, ou por uma empresa. Softwares de compartilhamento de música, como o Napster e o Kazaa, são exemplos de redes peer-to-peer, já que esses arquivos musicais não estavam armazenados em um servidor central. Eles ficavam no computador dos próprios usuários e, quando alguém baixava um arquivo, a música vinha do computador de outro usuário diretamente. O funcionamento da rede Bitcoin é parecido. Quando uma pessoa vai fazer uma transação, ela emite um comunicado para o resto da rede inteira falando: "Eu, Fulano, estou enviando X Bitcoins para Beltrano." Então os outros computadores vão receber essa comunicação, validá-la e atualizar o registro deles.

Também podemos dizer que o Bitcoin é descentralizado porque o software é de código aberto. Ele foi disponibilizado em 2009 e qualquer pessoa pode baixar e ler o código, além de poder modificar esse código e lançar uma versão alternativa do Bitcoin (como muitos já fizeram; o exemplo mais famoso é o Litecoin). Qualquer pessoa também pode rodar esse código no seu computador e se tornar um nó da rede Bitcoin, ajudando a validar as transações.

Outra faceta da descentralização do Bitcoin é o consenso distribuído. Visto que não temos uma autoridade central decidindo quais transações são válidas ou não, nem qual a ordem dessas transações, é preciso que se chegue a um consenso distribuído: todos os nós da rede ("nó" é o nome técnico para um computador ou servidor que roda o software da rede Bitcoin), depois de um certo período e por meio de certas estratégias, chegam a uma mesma conclusão sobre as transações. É bem interessante o modo como isso acontece, o que será abordado em um próximo capítulo.

A quarta grande diferença é que o Bitcoin é uma moeda baseada em criptografia (no próximo capítulo explicaremos de maneira bem simples o que é criptografia). Em praticamente todas as características descritas anteriormente, a criptografia está presente e é o que permite o funcionamento do sistema como um todo. Não é trivial alguém conseguir criar um sistema de pagamentos e uma moeda digital descentralizada com todas essas características. Muitas pessoas e empresas já haviam tentado no passado e fracassaram. Foi graças à utilização da criptografia que o Bitcoin conseguiu superar o desafio de ser uma moeda digital descentralizada e ao mesmo tempo segura contra fraudes e ataques (falaremos mais sobre isso futuramente).

De que modo a criptografia é usada no Bitcoin? Por exemplo, nas carteiras. Uma carteira de Bitcoin nada mais é do que um par de chaves criptográficas. Há uma chave pública e uma chave privada. A chave pública é o endereço do usuário (como se fosse o número de sua conta bancária) e a chave privada é usada para assinar/autorizar suas transações (como se fosse a senha de sua conta bancária).

O Bitcoin também utiliza criptografia para garantir a integridade da estrutura de dados que está armazenando as transações, que é a chamada *blockchain*. Ela é uma sequência de blocos, e cada um desses blocos contém certo número de transações. Para ajudar a entender, imagine que a blockchain é uma planilha de Excel que armazena dados. Cada bloco seria equivalente a uma aba dessa planilha, e dentro de cada aba existem, por exemplo, cem transações, uma por linha. Em cada linha estão os dados dessa transação, incluindo o endereço da carteira do remetente, o endereço da carteira do destinatário e a quantidade de Bitcoins a serem transferidos. Aqui a criptografia é usada para garantir que ninguém consiga alterar as transações presentes em cada aba. Os dados de todas as transações de uma aba são usados em uma função matemática que dá um certo resultado (uma espécie de dígito verificador). Esse resultado, por sua vez, será incluído na próxima aba. Ou seja, se qualquer dado ou transação da primeira aba for alterado, o resultado verificador na segunda aba deixará de coincidir.

Por fim, também é usada a criptografia no processo de mineração. O Bitcoin usa um conceito que se chama *proof-of-work*, que em português seria "prova de trabalho". Em um próximo capítulo entraremos em mais detalhes sobre esse conceito, mas a prova de trabalho se trata de um desafio criptográfico que o minerador (uma pessoa ou empresa que roda o software Bitcoin) tem que resolver. O minerador que resolver esse desafio criptográfico primeiro poderá anexar o próximo bloco de transações na blockchain (usando nosso exemplo do Excel, ele criaria mais uma aba em nossa planilha, com novas transações) e por causa disso ganhará uma recompensa em Bitcoin.

Assim concluímos nossa explicação preliminar e superficial. Não se preocupe caso algum ponto não tenha ficado claro ou caso você gostaria de aprender mais sobre algum aspecto. Nos próximos capítulos aprofundaremos a explicação de praticamente todos os conceitos descritos anteriormente.

Recapitulando: Bitcoin é uma forma de dinheiro ou moeda com quatro principais características que o fazem diferente das moedas fiat:

1. É uma moeda 100% digital.
2. É uma moeda com base monetária limitada.
3. É uma moeda descentralizada.
4. É uma moeda baseada em criptografia.

CAPÍTULO 10

TIPOS DE CARTEIRA PARA RECEBER E ENVIAR BITCOIN

Neste capítulo, explicaremos o que é uma carteira Bitcoin (o mesmo conceito se aplica a qualquer criptomoeda) e apresentaremos quais são os tipos de carteiras disponíveis, bem como suas vantagens e desvantagens.

Tecnicamente, uma carteira Bitcoin (ou *wallet* em inglês) é um par de chaves criptográficas: uma chave pública (*public key*) e uma chave secreta ou privada (*secret key*). Em um capítulo futuro explicaremos os detalhes técnicos da criptografia de chave pública. Por enquanto, basta entender que essa carteira, portanto esse par de chaves, permitirá que você receba ou envie Bitcoins.

No caso do Bitcoin, essas chaves são números de 256 bits na representação binária (portanto, números bem grandes). Se nós fôssemos representar uma chave em bits, seria uma sequência de 256 zeros e uns. Por conta dessa representação ser muito longa, representamos as chaves geralmente em modo hexadecimal. O número é o mesmo em ambos os casos, só muda sua forma de representação: **binário** é o sistema numérico com base 2 no qual utilizamos somente os dígitos 0 e 1 para representar os números, e **hexadecimal** é o sistema numérico com base 16, escrito utilizando-se os dígitos de 0 a 9 e as letras de A até F. Cada dígito hexadecimal equivale a 4 bits, então um número com 256 bits do sistema binário é representado com 64 dígitos no hexadecimal 256/4=64). Nossa chave ficaria assim:

Representação em binário

0010110100101101001011010010110100101101001011010010110100
1011010010110100101101001011010010110100101101001011010010
1101001011010010110100101101001011010010110100101101001011
0100101101001011010010110100101101001011010010110100101101
00101101001011010010110100101101

Representação em hexadecimal

162AB6F3162AB6F3162AB6F3162AB6F3D456FA34162AB6F3162AB
6F31234B567

A chave pública é o endereço de uma carteira. O proprietário da carteira vai informar esse número para outra pessoa quando quiser receber Bitcoins dela. O remetente vai digitar essa chave pública no software dele e completar a transação com o valor desejado, enviando os Bitcoins. A chave secreta ou chave privada é o que será usado para assinar/autorizar as transações quando o proprietário da carteira quiser enviar Bitcoins, comprovando que de fato é o dono desse endereço e pode realmente gastar esses valores.

Na prática, existem cinco tipos de carteira:

1. Papel (cold).
2. Hardware (cold).
3. Desktop (hot).
4. Mobile (hot).
5. Online (cold ou hot).

As carteiras foram identificadas com os termos *cold* ou *hot*. Isso é uma terminologia muito usada no meio das criptomoedas. *Cold* significa **frio** em inglês; dizer que uma carteira é fria significa que ela não está conectada à internet e, por causa disso, ela acaba tendo um pouco mais de segurança. Já uma carteira *hot* ou **quente**, está conectada à internet, então pode ter algumas vulnerabilidades a mais, uma vez que um hacker pode tentar um ataque de qualquer computador conectado à internet.

Vejamos agora os diferentes tipos de carteiras.

O primeiro tipo é uma **carteira de papel**: um software é utilizado para gerar uma chave pública e uma privada. Em teoria é possível gerar isso manualmente, fazendo esse cálculo à mão, mas na prática acaba sendo inviável devido à complexidade do cálculo e ao risco de se cometer algum erro. Por isso, é comum utilizar algum software que gere o par de chaves para você. Depois de geradas uma chave pública e uma privada, o usuário vai armazenar isso no papel. Isso mesmo, no papel com uma caneta ou impressora!

Podemos dizer que seria o tipo de carteira mais seguro que existe, porque ela não está conectada a nada, e não está armazenada em nenhum formato digital. Então, desde que esse papel seja guardado de forma segura, por exemplo, num cofre, a carteira está protegida. Geralmente, quanto maior a segurança, menor a comodidade. Dessa forma, com uma carteira de papel há muita segurança, mas pouca praticidade: imagine que toda vez que alguém for fazer uma transação, terá que olhar no papel e digitar um a um cada dígito da sua chave pública para receber ou da chave privada para enviar Bitcoin para alguém.

Mas existem pessoas que a utilizam, então é possível ter uma carteira de papel, se o usuário está preocupado principalmente com a segurança.

O segundo tipo é a **carteira *hardware***: um dispositivo de hardware (geralmente parecido com um pen drive) feito especificamente para funcionar como carteira, que vai armazenar o par de chaves criptográficas do usuário. É um dispositivo que, além de fornecer bastante segurança, também oferece comodidade, porque é possível conectar essa carteira *hardware* no computador por meio de um cabo USB, por exemplo, e então é possível transferir os fundos sem precisar digitar a chave inteira, usando uma simples senha de oito dígitos.

O terceiro tipo é uma **carteira *desktop***: um software que será instalado no computador e administrará e gerará as chaves pública e privada para o usuário. É um método relativamente seguro, desde que esse computador também seja seguro. Obviamente que, se o computador estiver com algum vírus ou malware, se for invadido ou sofrer algum outro ataque, essa carteira pode ficar vulnerável também.

O quarto tipo é uma **carteira *mobile***: um aplicativo instalado no celular que funciona como carteira. É bem parecido com o *desktop.* A diferença é que está num dispositivo móvel, mas os níveis de segurança e de comodidade acabam sendo parecidos, ou oferece até um pouco mais de comodidade, porque esses aplicativos geralmente conseguem gerar um *QR Code* da chave pública e/ou da chave privada do usuário. Assim, se a pessoa quiser fazer um pagamento para alguém que também tenha uma carteira no celular, basta scanear o *QR Code* do outro e o próprio aplicativo lerá automaticamente essa chave pública para fazer a transferência.

Por fim, existem as **carteiras *online***: são apps web e sites que oferecem o serviço de armazenamento e de custódia dos Bitcoins e outras criptomoedas para o cliente. Essa modalidade foi classificada como fria/quente porque diferentes empresas e serviços utilizam diferentes estratégias para armazenar as chaves, sendo que a maioria utiliza o modelo híbrido no qual uma pequena quantidade de moedas é armazenada online para ter liquidez e a maior parte é armazenada offline em alguma carteira fria. Note que uma exchange (uma corretora de criptomoedas) poderia ser considerada uma carteira online já que oferece o serviço de custódia de criptomoedas para seus clientes.

Então fica a pergunta: qual carteira o usuário deve usar? O que é recomendado? Se a pessoa está começando, e vai trabalhar com valores baixos, é interessante optar pela comodidade acima de tudo, portanto a recomendação seria uma carteira desktop ou mobile, ou uma carteira online.

No celular, gosto da carteira do **Bitcoin.com** para transacionar BTC (Bitcoin) ou BCH (Bitcoin Cash) e da **Coinomi.com** para as demais criptomoedas. Mas o ideal é fazer sua pesquisa e optar pela que achar mais interessante. É só entrar numa loja de aplicativos e digitar "Bitcoin Wallet" que vão aparecer inúmeras opções. Leia atentamente as avaliações e escolha a mais adequada para você.

Para computadores, uma das carteiras mais antigas e populares é a **electrum.org**. Mas, de novo, faça sua própria pesquisa para escolher a opção que se encaixa melhor no seu contexto.

Outra opção boa para começar é uma carteira online. O site **coinbase.com** é uma das maiores empresas do mundo a oferecer esse tipo de serviço. E, se a opção for comprar Bitcoin por meio de uma exchange brasileira, por exemplo, há a **foxbit.com.br**, o **mercadobitcoin.com.br**, **bitcointrade.com.br**, entre outras. Essas plataformas atuam não só como exchanges, mas também como carteira online, e você pode deixar seus Bitcoins e outras criptomoedas armazenadas lá.

Saiba que, embora essas opções ofereçam comodidade, existe o risco de a empresa ser hackeada, bloquear sua conta ou falir. Por isso, não é recomendável deixar valores altos armazenados nessas plataformas online. Se você está buscando segurança e quer armazenar valores altos, seria mais adequado optar por uma carteira fria, como a carteira hardware.

A carteira hardware mais famosa no mundo é o Ledger (**ledger.com**).

Esse dispositivo é conectado pela entrada USB no computador para fazer a inicialização e configurar uma senha. A partir daí, ele vai gerar as chaves pública e privada para cada criptomoeda e administrar tudo isso para o usuário.

CAPÍTULO 11

ONDE E COMO COMPRAR BITCOIN

Agora que já entendemos conceitualmente o que é Bitcoin e como funcionam as carteiras de Bitcoin e das demais criptomoedas, neste capítulo falaremos sobre como e onde você pode comprar Bitcoin e criptomoedas em geral.

É importante ressaltar que não estou recomendando a compra do Bitcoin nem de qualquer outra criptomoeda. Não é meu intuito dar aqui recomendação de investimento. O objetivo é fornecer as informações técnicas e conceituais para que se possa entender o que é essa tecnologia, que já está revolucionando o mercado financeiro e uma série de outros setores. E, a partir disso, o leitor pode tirar suas próprias conclusões, avaliando se para o seu caso e perfil vale a pena ou não comprar esse tipo de ativo.

Independentemente da decisão de realmente investir em criptomoedas ou não, pode ser interessante "brincar" com essa tecnologia usando valores pequenos e simbólicos. Muitas vezes, apenas quando colocamos a mão na massa é que entendemos e absorvemos um conceito ou nova tecnologia, bem como seu potencial e suas limitações.

Vamos supor que você decidiu comprar um pouco de Bitcoin, porque quer investir ou porque quer simplesmente entender melhor a tecnologia envolvida. Quais são os métodos à disposição para realizar essa compra? Vamos apresentar aqui os quatro principais.

O **primeiro** e mais simples é encontrar algum amigo ou conhecido que tenha Bitcoin e esteja disposto a vender certa quantia para você. Isso vai dar mais segurança ao processo, pois ele vai poder passar as orientações e guiá-lo durante a compra. O pagamento pelos Bitcoins poderá ser feito em espécie ou por meio de um depósito, e ele vai transferir os Bitcoins para sua carteira em seguida. No capítulo anterior, já apresentamos o conceito de carteira e quais são as carteiras disponíveis para armazenar as criptomoedas. Independentemente do tipo que você escolher, será necessário informar apenas o endereço de sua carteira ao conhecido de quem está comprando.

Os próximos métodos para comprar Bitcoin utilizam a internet de uma forma ou de outra.

O **segundo** método é por meio de algum site que vai conectar a pessoa que deseja comprar com os vendedores de Bitcoin na sua própria cidade, região ou estado. O melhor site para fazer isso é o **localbitcoins.com**, uma empresa finlandesa que já está há bastante tempo no mercado e, portanto, é relativamente confiável (a empresa, mas não necessariamente os vendedores que operam dentro da plataforma!). Essa empresa atua em aproximadamente 7.700 cidades de 248 países ao redor do mundo e conecta pessoas físicas ou empresas que estão querendo comprar e vender criptomoedas.

No site, existe uma lista das pessoas interessadas em negociar e dos métodos de pagamento que cada uma delas aceita — alguns vendedores preferem depósito em bancos, outros aceitam que o pagamento seja feito até em casas lotéricas.

É interessante também o fato de o próprio site ter um esquema de avaliação da reputação das pessoas que negociam: é possível verificar a reputação do vendedor e a do comprador; se são pessoas com histórico confiável de negociações anteriores. A empresa tem também uma funcionalidade de *escrow*, o que ajuda a dar mais segurança. Se trata de uma espécie de intermediação na qual a empresa recebe o pagamento do comprador e só o libera ao vendedor após a confirmação de que os Bitcoins foram de fato transferidos. Por meio desse método, os clientes também vão precisar ter suas próprias carteiras, porque o vendedor vai transferir direto para a carteira do comprador ou para a carteira do localbitcoins, que em seguida transfere para o comprador.

O **terceiro** método é comprar em algum site que vende Bitcoin ou outras criptomoedas aceitando o pagamento por meio de um cartão de crédito. O comprador escolhe quanto quer adquirir, passa os dados do cartão e a empresa deposita os Bitcoins na carteira do cliente. Apesar de existirem empresas seguras e que estão há bastante tempo no mercado, esse método não é recomendável, principalmente por causa das taxas cobradas na transação, que são muito altas, ou devido ao valor que eles vão cobrar pelo Bitcoin, que tende a ser mais alto do que o praticado no mercado. Por essa razão acaba não valendo a pena, pois, embora haja maior comodidade, você acaba pagando bem caro por ela.

O **quarto** método para se comprar Bitcoin é fazer a transação por meio de uma exchange. Se você não conhece nenhum amigo que esteja disposto a vender para você, talvez esse seja o método mais recomendado. Uma exchange nada mais é do que uma corretora que, eletronicamente, conecta pessoas que querem comprar com pessoas que querem vender criptomoedas. Elas operam de um modo bem similar a corretoras tradicionais de ações.

Na prática, após criar uma conta e fornecer os dados cadastrais, você realizará a transferência em moeda fiat (ex.: Real) para adicionar fundos na sua conta da corretora. Uma vez que tiver fundos, poderá lançar uma ordem de compra de Bitcoin ou qualquer outra criptomoeda listada por essa corretora. Quando a sua ordem for casada com uma ordem inversa, a transação será executada, automaticamente, transferindo seu dinheiro para o comprador e os Bitcoins para você.

> ⚠️ **Observação:** é perfeitamente possível comprar frações de Bitcoin ou qualquer outra criptomoeda. Inclusive, a menor fração de um Bitcoin se chama **satoshi** e equivale a 1/1.000.000 Bitcoin.

Vale a pena ficar de olho nas taxas cobradas pelas corretoras. Essas taxas podem ser aplicadas tanto na transação de troca quanto no depósito ou na retirada de fundos.

Digitando no Google "comprar Bitcoins" você provavelmente verá uma lista de anúncios de exchanges brasileiras. A seguir, na seção chamada orgânica, é possível ver as maiores ou mais reputadas do Brasil, segundo o ranqueamento do Google. No momento em que escrevo este capítulo, as três primeiras no Google Brasil são:

- » Foxbit.com.br
- » Mercadobitcoin.com.br
- » Bitcointrade.com.br

Não estou recomendando nenhuma aqui; apenas apresentando algumas que já estão estabelecidas nesse segmento. O leitor deve fazer sua pesquisa e ver qual atende melhor a seus requisitos.

Basicamente são esses os quatro métodos para a aquisição de criptomoedas. Não existe um melhor em relação ao outro. Depende muito do contexto de cada pessoa, que deve analisar cada opção e decidir o que é mais adequado para suas necessidades.

E, como já foi falado, mesmo que a ideia seja apenas "brincar" para entender melhor a tecnologia, é possível. Praticamente todos esses métodos permitem que se compre uma fração do Bitcoin, investindo por exemplo a partir de R$50,00.

SEÇÃO IV

COMO FUNCIONA A PARTE TÉCNICA DAS CRIPTOMOEDAS

CAPÍTULO 12

CRIPTOGRAFIA

Neste capítulo, vamos discorrer brevemente sobre criptografia: o que é e como funciona, numa visão bem simplificada. É importante entender esse conceito, pelo menos superficialmente, porque tanto o Bitcoin quanto outras criptomoedas são moedas eletrônicas baseadas em princípios de criptografia. Assim, para ter um entendimento claro sobre o Bitcoin e sobre essas outras moedas, é interessante compreender, pelo menos em parte, as noções básicas da criptografia.

Criptografia é o estudo e a prática de técnicas para proteger a comunicação entre dois pontos. Esses dois pontos podem ser duas pessoas, duas empresas, dois computadores e assim por diante. De um modo mais simples, a criptografia representa as técnicas usadas para codificar uma mensagem que se deseja enviar para outro ponto, de forma que pessoas não autorizadas não vão entender o conteúdo, caso consigam ter acesso a essa mensagem no meio do caminho.

O fluxo da proteção funciona da seguinte maneira: de um lado, temos a mensagem original que queremos transmitir para outra pessoa, e sobre essa mensagem será aplicado o processo de cifragem (também chamado de codificação). Esse processo consiste em aplicar um algoritmo: uma sequência de passos para codificar esse texto. Após esse procedimento, obteremos a mensagem cifrada ou codificada. A mensagem, agora, se cair na mão de qualquer pessoa, não permitirá que seu conteúdo seja visto ou compreendido.

Quando o receptor, que está na outra ponta, receber essa mensagem cifrada, deverá proceder da seguinte maneira: aplicar o processo de decifragem ou decodificação e, ao fim desse processo, a mensagem original será obtida de novo, que é o que se queria comunicar ao receptor, sem o risco de que outras pessoas tivessem acesso a esse conteúdo.

QUANDO E POR QUE SURGIU A CRIPTOGRAFIA?

Como aconteceu com tantas outras tecnologias, a criptografia surgiu na Antiguidade por questões militares. Imaginemos a seguinte situação: certo general precisava enviar uma mensagem para suas tropas ou para outro general e ele não podia correr o risco, caso o mensageiro que estivesse levando a mensagem fosse capturado pelas tropas inimigas, de que os inimigos tivessem acesso ao conteúdo dessa comunicação. Foi então que começaram a pensar em como evitar esse vazamento de informações, e a partir disso surgiram as primeiras técnicas de criptografia.

Como isso acontecia na prática? O processo de cifragem mais simples para se criar uma mensagem codificada seria o de converter cada letra da palavra da mensagem que se quer enviar em outra letra do alfabeto, por exemplo, a próxima.

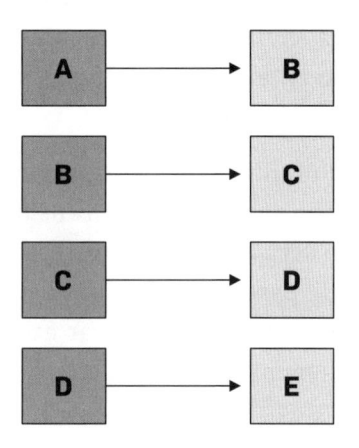

A → B

B → C

C → D

D → E

Desse modo, A vira B, B vira C, C vira D e assim sucessivamente. Suponha que determinado general precise coordenar o ataque ao inimigo e, portanto, enviar para suas tropas, de modo seguro, a mensagem "atacar".

Então, ele vai converter A para B, T para U, A para B de novo, C para D, A para B de novo e R para S. A mensagem codificada ATACAR viraria BUBDBS. Ele enviaria essa mensagem assim codificada para o comandante que está no campo de batalha e, ao chegar ao destino, esse comandante aplicaria o algoritmo inverso, que é o algoritmo de decifragem. O comandante então precisaria converter cada letra na sua anterior do alfabeto. E agora, fazendo o processo inverso, B vira A, C vira B, D vira C e assim sucessivamente. Com isso, ele conseguiria decodificar BUBDBS na palavra ATACAR e executaria a ordem do general.

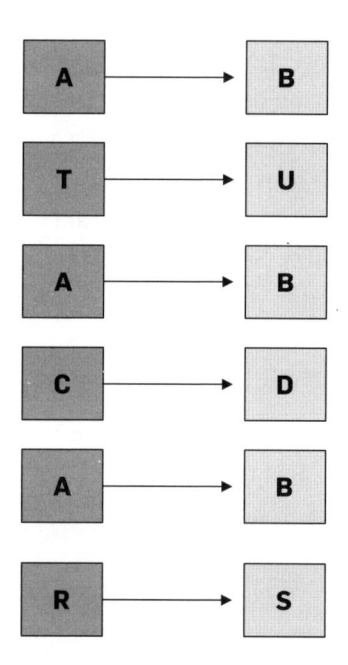

A → B
T → U
A → B
C → D
A → B
R → S

Esse processo de simplesmente substituir a letra por alguma diferente foi um dos primeiros algoritmos de criptografia utilizados e dizem alguns historiadores que ele foi usado inclusive por Júlio César na época do Império Romano. Tanto é que esse algoritmo ficou conhecido como a "cifra de César".

Com o tempo começaram a perceber que esse processo de codificação simples não era tão seguro. Se o inimigo capturasse diversas mensagens e as observasse atentamente, não seria tão difícil de entender o algoritmo de codificação. O processo de quebra de código é feito, por exemplo, analisando a frequência com que as letras aparecem (uma vez que sabemos, estatisticamente, quais são as letras mais comuns em cada idioma), separando vogais de consoantes e assim por diante.

Para corrigir esse problema, passou-se a usar a criptografia baseada em cifra e chave. A cifra continua sendo o processo utilizado para fazer a codificação, e a chave é algum valor que vai determinar como o algoritmo será aplicado.

Peguemos novamente, por exemplo, a palavra ATACAR e vamos codificá-la usando o algoritmo de troca por alguma outra letra no alfabeto. Mas, em vez de ser sempre pela próxima letra, em vez de ser A por B, B por C, podemos pular "x" letras. Esse "x" é a chave que vai ser usada junto com esse algoritmo. Então, se "x" for 1, tal como no exemplo anterior, ATACAR vai virar BUBDBS. Se, porém, variarmos a chave, e usarmos a chave 2, teremos que pular duas letras e A vai virar C, B vai virar D e assim sucessivamente. Dessa maneira, a mesma palavra ATACAR, agora com a chave 2, vai virar CVCECT.

Imaginemos agora que, a cada vez que uma mensagem for enviada para o general ou para as tropas, uma chave diferente seja empregada. Primeiro será a chave 1, depois a chave 2, depois a chave 3, depois a chave 20:

Chave	A	T	A	C	A	R
1	B	U	B	D	B	S
2	C	V	C	E	C	T
3	D	W	D	F	D	W
20	T	N	T	W	T	L

Teremos mensagens codificadas muito diferentes umas das outras, apesar de a mensagem original ser a mesma, o que dificulta muito a análise de qual algoritmo foi usado para codificar o texto.

É claro que, para garantir a segurança, a mensagem e a chave têm que ser transmitidas separadamente. O general mandaria a mensagem codificada por um mensageiro e a chave por outro mensageiro. Ou, então, previamente seria feito um planejamento em que os comandantes já saberiam qual a sequência de chaves a serem usadas. Assim, esses comandantes já partiriam com uma sequência de chaves (1, 5, 10, 4, 6 etc.) e, quando chegasse a mensagem codificada, eles teriam que conferir na tabela qual é a chave da vez e aplicar essa chave no algoritmo para fazer a decodificação.

Diante dessas explicações você poderia pensar: "Em vez de usar esse processo relativamente complexo, não seria mais fácil o general passar verbalmente essa mensagem para o mensageiro e ordenar que ele fosse até o outro ponto e retransmitisse a mensagem ouvida?" Pode não parecer, mas essa estratégia abre uma série de brechas de segurança e de vazamento da informação.

Primeiro: se esse mensageiro fosse um espião, ou um agente duplo, ao receber o conteúdo da mensagem ele já a entregaria para os inimigos. Segundo: mesmo que ele não fosse um espião, ele poderia ser fofoqueiro e falaria para alguns amigos. E algum deles poderia ser um espião, fazendo com que a mensagem caísse na mão dos inimigos. Terceiro: ainda que ele não fosse nem espião nem fofoqueiro, o portador poderia ser capturado no caminho e, mesmo não querendo entregar a mensagem, se fosse torturado é provável que ele "abrisse o bico".

Essa é a grande "sacada" da criptografia. Basta que as duas pontas estejam combinadas e tenham o algoritmo de cifragem e a chave que estiver em uso para garantir a segurança da troca de mensagens, sem precisar depender das pessoas que farão o transporte e a entrega das mensagens. Ainda que o código seja capturado no meio do caminho, os inimigos não terão acesso ao conteúdo da informação, pois não têm a chave para decodificar a mensagem.

Mas não há algum exemplo mais moderno do que o uso no Império Romano? Sim! Na Segunda Guerra Mundial, a criptografia foi usada em larga escala e teve um papel muito importante no desfecho de diversas batalhas. As tropas nazistas usavam a criptografia de cifra + chave em praticamente todas as comunicações de longa distância, inclusive empregando um algoritmo parecido com o que foi descrito anteriormente, o da época de César, no qual as letras eram embaralhadas e trocadas por outras letras.

Eles não faziam essa codificação manualmente, pois seria muito trabalhoso, demorado e pouco seguro. Em vez disso, eles desenvolveram uma máquina eletromecânica chamada Enigma, precursora dos computadores modernos, que fazia esse embaralhamento por meio de circuitos. Ela tinha um combinado de circuitos mecânicos e elétricos e, quando se apertava uma letra no teclado físico de que o equipamento dispunha, acendia-se uma outra letra no painel, no qual havia uma sequência de 26 luzes. Ou seja, caso a mensagem a ser codificada começasse com a letra G, bastaria apertar G no teclado e ver qual letra acenderia. A letra acesa seria a primeira letra da mensagem codificada. O processo era repetido até se codificar a mensagem inteira.

Essa máquina usava a cifragem feita pelo emaranhado de circuitos e uma chave, que é a configuração inicial do equipamento. No interior do aparelho havia três manivelas, cada uma com 26 posições, e o operador ajustava cada uma delas numa determinada posição. Essa seria a chave. Ou seja, uma sequência de três números que variava entre 1 e 26. Por exemplo, uma possível chave seria 15-12-21. Para utilizá-la, o operador da máquina deveria colocar a primeira manivela na posição 15, a segunda na posição 12 e a terceira na posição 21, e somente após esta configuração se começaria a apertar as teclas no teclado.

Relembrando, a máquina tinha 26 teclas e, se calcularmos 26 x 26 x 26, obteremos um total de 17.576 possíveis chaves. Dessa forma, ficaria muito difícil para as tropas inimigas decifrarem esse algoritmo, mesmo que uma máquina dessas fosse capturada (e os Aliados capturaram).

Muito difícil, mas não impossível! Com um esforço hercúleo e com a ajuda e a liderança de Alan Turing, um brilhante cientista da computação e matemático inglês, os Aliados conseguiram quebrar a criptografia nazista. A história da participação do cientista nos esforços de guerra é contada no filme chamado *O Jogo da Imitação*. Podemos dizer que a criptografia teve um papel muito importante no desfecho da guerra.

Essa história da Segunda Guerra é, sem dúvida, muito interessante, mas não é exatamente um uso "moderno", então exemplificaremos com uma situação que, certamente, faz parte do nosso cotidiano: a navegação na internet.

Quando um site no seu navegador, no computador ou no celular, tem um endereço (URL) que começa com "https" significa que ele está usando um protocolo seguro (geralmente aparece a imagem de um cadeado fechado). Isso quer dizer que a criptografia está sendo usada para proteger a troca de informações entre o usuário e o site.

Na prática, quando alguém acessa esse site, o navegador "conversa" em frações de segundo com o site para realizar a troca de chaves. Se trata de uma troca por que cada lado usará sua própria chave. O navegador, então, precisa informar a chave que pretende usar ao site e vice-versa. Após a troca de chaves, passarão então a codificar as próximas mensagens usando um algoritmo/cifra e uma chave, como explicado anteriormente. Esse processo de troca de chaves é bastante interessante e será explicado em um dos próximos capítulos. O fato é que, uma vez que as mensagens trocadas entre o navegador e o site passam a ser codificadas, elas ficam protegidas de hackers e de outros agentes maliciosos que possam interceptar essa comunicação.

Esse protocolo de segurança é importante principalmente quando falamos de cadastros online, internet banking e assim por diante. Se não existisse essa criptografia fazendo a proteção, os dados seriam transmitidos às claras e, portanto, seriam vulneráveis a qualquer interceptação. Vamos supor que um hacker conseguiu interceptar esses dados, atacando a rede Wi-Fi, por exemplo. Sem criptografia ele poderia ver quais são os números do cartão de crédito do usuário e conseguir aplicar uma fraude contra ele.

O mesmo processo é usado no WhatsApp. Com certeza você já ouviu falar (o próprio aplicativo avisa) que a comunicação no WhatsApp é protegida com criptografia ponto a ponto. Ele faz, portanto, exatamente o processo que foi descrito no início deste capítulo: em cada ponto/dispositivo há uma chave e cada vez que digitamos uma mensagem e clicamos em "enviar" o próprio aplicativo vai usar um algoritmo e uma chave para codificar essa mensagem. A mensagem codificada é então enviada pela internet, e ao chegar ao destinatário o WhatsApp realiza o processo inverso, decodificando a mensagem para que ela possa ser exibida ao destinatário.

Como explicado, esse processo é usado para fazer a proteção da comunicação entre dois pontos. Foi assim que a criptografia surgiu e talvez essa seja sua função mais conhecida, mas não é a única. Existem outras que são igualmente importantes, principalmente na era moderna dos computadores e da internet.

A segunda função da criptografia, também muito importante, é a de verificação da integridade da informação. Verificar a integridade significa conferir se uma mensagem transmitida foi alterada durante a transmissão, ou se ela chegou exatamente como o remetente a enviou, sem adulterações.

A terceira função é a de autenticação. Com a criptografia é possível garantir que foi determinada pessoa que enviou uma mensagem. Outro jeito de entender essa autenticação é dizer que aquela pessoa assinou digitalmente certa mensagem. Destacamos que uma assinatura digital é justamente do que se precisa para haver uma moeda eletrônica que funcione sem a necessidade de uma autoridade central responsável por conferir e determinar se as transações são válidas ou não. Por isso, essa terceira função é muito importante para todas as criptomoedas.

CAPÍTULO 13

CONSENSO DISTRIBUÍDO E O PROBLEMA DOS GENERAIS

Neste capítulo, vamos abordar dois problemas: o primeiro é chamado de "Problema dos Dois Generais" e o segundo, "Problema dos Generais Bizantinos", que é uma generalização do primeiro. Eles ilustram o desafio que é chegar a um consenso em uma rede ou em um sistema com pontos dispersos, como é o caso de uma blockchain e da rede Bitcoin. Existem os nós dispersos, trabalhando independentemente uns dos outros, e eles precisam chegar a um consenso, por exemplo, sobre a ordem das transações ou quais transações são válidas. Iniciaremos falando de generais, mas se trata apenas de uma abstração. Os mesmos conceitos se aplicam a uma rede com nós ou computadores no lugar dos generais.

PROBLEMA DOS GENERAIS

Imagine que temos o General 1 e o General 2, que são da mesma tropa, e eles estão querendo invadir e conquistar o Castelo C. O problema em questão é que eles precisam atacar simultaneamente, ou não terão sucesso. Como a defesa do castelo é forte, se tiver que lidar com as tropas de apenas um dos generais, o castelo vai devassá-las, enquanto, se os dois generais conseguirem atacar exatamente no mesmo momento, cada um do seu lado, eles conseguirão conquistar o castelo.

Como eles devem fazer, porém, para sincronizar esse ataque? É preciso que exista alguma forma de comunicação para estabelecer a sincronização. Essa comunicação será efetuada por meio de mensageiros, com o seguinte complicador: no campo de batalha, entre a localização dos dois generais, existem tropas inimigas, espiões etc. que podem capturar os mensageiros.

Curiosamente, não existe uma solução perfeita para esse problema. Isso já foi provado, e com pouca dificuldade, porque o único jeito de sincronizar o ataque, com 100% de certeza, seria o General 1 de fato mandar uma mensagem para o General 2 informando: "Vamos atacar tal hora" e o General 2 mandar uma confirmação: "Ok, recebi e então atacaremos nesse horário como combinado."

O dilema é o seguinte: a partir do momento em que o General 1 mandar essa mensagem, ele vai ficar esperando a resposta. Enquanto ele não a receber, não saberá se está confirmado ou não o ataque. Na hora em que o General 2 mandar a confirmação, por sua vez, ele vai ficar também esperando a confirmação da confirmação, porque ele não sabe se essa primeira confirmação, a dele, chegou ao General 1 ou se ela foi interceptada no trajeto. Caso ela tenha sido interceptada e o General 2 atacar no horário que tinha sido combinado, pode ser que o General 1 não ataque, porque ele não recebeu confirmação alguma, e, nesse caso, o General 2 vai acabar levando suas tropas à morte. E, mesmo que o General 1 receba a confirmação e envie sua confirmação por sua vez, agora este é que vai ficar esperando a confirmação da confirmação da confirmação e assim sucessivamente, até o infinito. Sendo assim, não há como resolver essa situação: com absoluta segurança não há como eles realizarem essa comunicação e terem certeza de que as duas tropas vão atacar exatamente ao mesmo tempo.

Visto que não existe uma solução 100% garantida, o jeito, na prática, é usar alguma estratégia que maximize a probabilidade de sucesso. Eles poderiam, por exemplo, combinar que às 10h o General 1 enviaria uma mensagem com o horário de ataque para o General 2. Esse acordo sobre o horário já seria feito antes de eles se posicionarem e, caso o General 2 de fato receba essa mensagem, ele apenas aguarda para, então, atacar no horário combinado.

Por outro lado, se ele não receber essa mensagem, ou seja, se ela for interceptada, o protocolo especifica que o General 2, por exemplo, deve enviar dez mensageiros um em seguida do outro, com um intervalo de um minuto entre eles, para o General 1, a fim de avisar que ele não recebeu a mensagem e que, portanto, não realizará o ataque.

Vamos supor que o mensageiro demore um minuto para fazer o trajeto. O General 1 então deve enviar a mensagem com o horário do ataque e esperar onze minutos. Se em onze minutos não chegar nenhum mensageiro, das duas uma: ou, com grande probabilidade, o General 2 recebeu a primeira mensagem, então eles podem realizar o ataque no horário combinado; ou, com pouca probabilidade, os 10 mensageiros que o General 2 enviou foram todos capturados. Se, porém, tiver acontecido isso, não há o que fazer e eles têm que arriscar e realizar o ataque no horário combinado e seja o que Deus quiser.

O PROBLEMA DOS GENERAIS BIZANTINOS

O segundo problema é o chamado "Problema dos Generais Bizantinos". Nesse outro cenário, temos agora um número **n** de Generais; não são mais apenas dois. Geralmente, o problema apresenta um Comandante, que vai passar as ordens para os outros Generais, e eles precisam chegar a um consenso sobre qual ação tomar.

Podemos simplificar, dizendo que eles têm basicamente duas possibilidades: a ação de atacar e a ação de bater em retirada, e eles precisam tomar essa decisão ao mesmo tempo e de modo coordenado. A primeira complicação desse caso é que agora há **n** generais e a segunda é que um dos generais pode ser traidor e passar adiante uma ordem errada.

Exemplificando a situação: o Comandante pode passar para o General G3 a ordem de atacar e ele poderia passar para frente, para o General G2, a ordem inversa de retirada, caso fosse um traidor.

Como resolver esse problema para que os generais cheguem em um consenso sobre a ação a ser tomada? Também é provado que, se as mensagens trocadas forem mensagens orais, basta que um terço dos Generais sejam traidores e já se consegue fazer o sistema fracassar. Caso menos de 1/3 dos generais sejam traidores, com um número suficiente de mensagens trocadas é possível garantir que se chegará a um consenso correto.

Vamos supor que estivéssemos falando de um sistema com três elementos, um Comandante e dois Generais. Aqui bastaria um traidor e eles não conseguiriam chegar a um consenso correto sobre a ordem a ser executada.

RESOLVENDO O PROBLEMA COM ASSINATURAS

Uma vez que se começou a pensar em criptografia de chave pública e em assinaturas digitais na década de 1970, começaram também a pensar em como resolver esse problema usando essas assinaturas, e, de fato, quando introduzimos a possibilidade de se assinar uma mensagem, fica muito mais fácil resolver o problema da existência de generais traidores.

Inclusive, caso tenhamos assinaturas, conseguiremos resolver o problema qualquer que seja o número de generais traidores. Por exemplo, o Capitão C enviará a mensagem "Atacar" para o General G3, mas ele autenticará a mensagem com a sua assinatura. Portanto, esse general, mesmo sendo um traidor, não conseguirá adulterar a mensagem, e os generais leais conseguiriam chegar a um consenso correto.

Para mostrar a conexão desse problema com a rede Bitcoin, basta lembrarmos que esta é uma rede descentralizada e, portanto, existem vários nós rodando independentemente uns dos outros e eles precisam chegar a um consenso sobre quais transações são válidas, qual é a ordem dessas transações e assim por diante. E pode haver alguns nós maliciosos. Ou seja, que também rodam o software da rede Bitcoin, mas com a intenção de fraudar a rede ou validar transações fraudulentas. Por conta disso, os nós honestos precisam chegar a um consenso e excluir essas tentativas de fraude.

TRÊS PROTOCOLOS DE CONSENSO

Independentemente dos detalhes técnicos da implementação dos algoritmos de consenso distribuído, pode ser interessante e útil ao leitor saber que existem três principais tipos de algoritmos de consenso utilizados em blockchains e redes de criptomoedas.

1. Clássico/BFT

O primeiro algoritmo, muitas vezes chamado de clássico ou BFT (do inglês *byzantine fault tolerant*) é o mais antigo e começou a ser estudado e implementado há várias décadas. Ele visa a resolver o problema dos generais bizantinos descrito anteriormente, e justamente por isso esse algoritmo pode ser atacado se o atacante conseguir controlar mais do que 33,3% (ou seja, mais do que um terço) dos nós da rede. Esse algoritmo é utilizado, por exemplo, por blockchains construídas utilizando o software Tendermint (que implementou sua própria versão) como as do sistema Cosmos. Blockchains como Solana, Harmony e Fantom também utilizam variações do protocolo de consenso BFT.

2. Consenso Nakamoto

Uma das grandes inovações introduzidas por Satoshi Nakamoto em seu whitepaper sobre o Bitcoin foi justamente um novo protocolo de consenso, muitas vezes chamado de "consenso Nakamoto" por conta do autor. Esse é um protocolo probabilístico. Para chegar em um consenso, os nós da rede permitem que sequências de blocos paralelas e, portanto, concorrentes entre si sejam criadas, e a sequência mais longa é aceita como a definitiva. Veremos mais detalhes sobre esse protocolo nos próximos capítulos, nos quais explicaremos mais detalhadamente o funcionamento da rede Bitcoin. Ao contrário do protocolo clássico ou BFT, esse protocolo de consenso se torna vulnerável apenas quando 51% dos nós são maliciosos ou comprometidos. O protocolo de consenso Nakamoto é utilizado na blockchain do Bitcoin e também em muitas outras que se inspiraram nela, como, por exemplo, a blockchain do Ethereum e a do Bitcoin Cash.

3. Protocolo Avalanche

O protocolo de consenso Avalanche é considerado por muitas pessoas a maior inovação nas tecnologias de blockchain e criptomoedas desde a introdução do Bitcoin e dos contratos inteligentes com a rede Ethereum. Trata-se também de um protocolo probabilístico que faz uma espécie de contagem de votos entre pequenos grupos de nós/validadores da rede. Essa espécie de enquete é repetida várias vezes, de um modo muito rápido, até que se chegue a um consenso. Em um capítulo futuro entraremos em mais detalhes sobre esse algoritmo, mas vale ressaltar que ele alcançou melhorias significativas em algumas variáveis. Por exemplo, é necessário comprometer 60% ou mais de nós para conseguir realizar um ataque em uma rede utilizando o protocolo de consenso Avalanche (nos parâmetros atuais da rede). Além disso, enquanto na rede Bitcoin usualmente se consideram sessenta minutos para que uma transação seja considerada confirmada e definitiva (dez minutos por bloco × seis blocos, para se ter seis confirmações), e na rede Ethereum pode ser necessário entre dois a cinco minutos (dependendo de quantas confirmações forem desejadas para aumentar a confiança), em blockchains que utilizam o protocolo de consenso Avalanche, esse tempo pode ser de apenas um segundo.

CAPÍTULO 14

COMO FUNCIONA A REDE BITCOIN? COMO MINERAR BITCOIN?

Em outro capítulo foi feita uma apresentação geral sobre o que é o Bitcoin, visando a explicar do que se trata a uma pessoa que nunca ouviu nada a respeito do assunto. Podemos fazer um resumo com as quatro principais características do Bitcoin:

1. É uma moeda 100% digital.
2. É uma moeda com base monetária limitada.
3. É uma moeda descentralizada.
4. É uma moeda baseada em criptografia.

Como cada uma dessas características foi apresentada de uma maneira muito superficial, no presente capítulo o objetivo é investigar o que acontece "por baixo do pano", no interior da rede e do software Bitcoin.

Explicaremos mais a fundo as carteiras Bitcoin, o que acontece quando alguém envia ou recebe um pagamento, como funciona a blockchain (a estrutura de dados que mantém todo esse funcionamento da rede), o que é o processo de mineração, como novos Bitcoins entram em circulação, o que é importante para manter o sistema em funcionamento e assim por diante.

ALICE E BOB

Vamos iniciar imaginando uma situação hipotética de uma transação com criptomoedas: de um lado nós temos a Alice, que nunca usou Bitcoin, mas está querendo começar a usar e quer comprar um Bitcoin. E, de outro lado, temos o Bob, amigo da Alice, que vai vender um Bitcoin para ela. A seguir, vamos mostrar como funcionará essa transação dentro do sistema.

O primeiro passo é a Alice criar uma carteira. Para isso, ela vai ter que instalar algum software, no celular ou no computador, que vai gerar um par de chaves criptográficas: a chave pública (PK — *public key*) e a chave privada ou secreta (SK — *secret key*). Ela também poderia usar algum serviço de carteira online.

Essas chaves, no fundo, são números. Para simplificar, vamos dizer que a chave pública dela é 123 e a chave privada ou secreta é 456. Na realidade, essas chaves são números muito maiores: no caso do Bitcoin são números de 256 bits cada um, que respeitam algumas propriedades matemáticas para que a criptografia funcione, mas não entraremos nesses detalhes aqui.

Voltando ao nosso exemplo: depois que Alice criar essa conta e fizer a ativação, o software dela vai gerar essas chaves. A partir desse momento, ela tem uma carteira contendo 0 Bitcoins, pois acabou de ser criada. Em seguida, ela vai pagar o valor proporcional e atual de 1 Bitcoin para Bob por meio de uma TED ou em mãos, em espécie. O Bob, então, vai transferir para Alice esse 1 Bitcoin. Vamos passar a usar a sigla BTC, que nada mais é do que o símbolo usado para o Bitcoin. Havia então zero BTC na carteira da Alice, e na carteira de Bob vamos supor que o saldo fosse de 10 BTC.

O Bob também tem uma carteira, com uma chave pública 567 e uma chave secreta 789.

Os procedimentos de Bob para realizar a transferência serão: ele vai entrar no software que utiliza como carteira e informar que deseja enviar 1 BTC para o endereço de Alice, que corresponde à chave pública dela, 123. Após inserir os dados, ele assinará a transação com a sua chave secreta.

Após essa transação, Bob passará a ter 9 BTC e Alice 1 BTC.

O software/carteira de Bob irá, em primeiro lugar, criar a transação em si. Imagine-a como se fosse um arquivo de Word, no qual vão estar escritos os dados descritos anteriormente. Obviamente é outra formatação, um pouco mais complexa, mas, para facilitar a compreensão, vamos empregar essa analogia. O arquivo criado pelo software terá então os seguintes dados:

- » Remetente 567 (ou seja, a chave pública ou endereço de Bob, que está enviando os Bitcoins).
- » Destinatário 123 (que é a chave pública ou endereço de Alice).
- » Quantidade 1 Bitcoin.

Note que a chave pública pode e deve ser vista também como o endereço de uma carteira. No fundo, são a mesma coisa.

O software cria essa transação, como se fosse um arquivo de Word, e aplica no arquivo um algoritmo de cifragem, usando a chave secreta 789 do Bob. Ao fim desse processo, esse algoritmo vai gerar outro arquivo, desta vez um arquivo em código binário, que representa a assinatura de Bob nessa transação (pois somente alguém em posse da chave secreta de Bob conseguiria gerar este segundo arquivo, o que é facilmente verificável por qualquer computador da rede Bitcoin).

A seguir, o software/carteira de Bob vai pegar esses dois arquivos, "empacotá-los" em um arquivo só (como se fosse uma pasta ou um zip) e enviar para a rede Bitcoin. Ou seja, vai enviar esse arquivo empacotado para algum nó, algum computador na internet que está rodando o software do Bitcoin e que ele conhece. Todas as carteiras têm que manter uma lista dos possíveis nós que estão em operação justamente para propagar as transações dos usuários.

Quando esse arquivo chega, o nó vai inspecioná-lo. Vai verificar se o endereço do remetente e o do destinatário são válidos (se a formatação está válida, pois o nó não tem como saber se o endereço de destino pertence a alguém ou não). Em seguida, vai verificar se a assinatura está correta. Ou seja, se está provado que a pessoa que está enviando os Bitcoins de fato controla os fundos que estão nesse endereço. Vai também checar se a carteira do remetente tem fundos: se ela com endereço 489 de Bob tem pelo menos 1 Bitcoin para enviar.

Observação: a rede bitcoin não trabalha com saldos. Ou seja, não existe nenhum lugar no código ou na rede onde esteja armazenado o saldo das diversas carteiras e endereços. Para verificar se o endereço tem saldo suficiente para fazer uma transação, os nós fazem um controle de todas as transações que no passado enviaram fundos ao endereço que é remetente da transação em questão. Falaremos mais sobre esse modelo e o porquê dessa escolha técnica em um capítulo futuro.

Se o arquivo passou por todos esses testes, quer dizer que aquela é uma transação válida, então esse nó vai passar, ou repassar no caso, essa transação para todos os outros nós da rede que ele conhece.

É importante destacar que a chave secreta do Bob nunca é revelada. O que vai ser enviado para a rede são os dados da chave pública, ou seja, o endereço da carteira dele, os dados da chave pública da carteira da Alice, o valor a ser transferido e a assinatura dessa transação. A chave privada do Bob foi usada para assinar a transferência de valores nesse processo, quando a transação passa pelo algoritmo de cifragem. Mas essa assinatura não revela qual é a chave secreta do Bob. A única coisa que essa assinatura diz é que quem realizou a operação de fato controla a chave privada. Ou seja, essa assinatura diz que quem enviou essa transação realmente é o detentor dessa carteira e, portanto, pode usar esses fundos.

Essa é a grande sacada da criptografia de chave pública/privada. É possível confirmar para terceiros, sem margem para dúvidas, que você é o detentor de uma chave privada sem a necessidade de revelar a chave em si a esses terceiros.

Se essa chave secreta do Bob for descoberta por alguém, aí sim essa pessoa vai conseguir usar os fundos que estão na carteira dele.

TRANSAÇÃO VÁLIDA, MAS AINDA NÃO CONFIRMADA

Neste momento, a transação do Bob já foi validada e enviada para a rede, os nós da rede Bitcoin já têm conhecimento dela, mas ela ainda não foi confirmada. Ela vai entrar numa lista de transações pendentes. Todos os nós têm uma lista de transações pendentes. Conforme vão chegando essas transações, eles as vão adicionando à lista.

O software da carteira da Alice pode até notificar a Alice, falando: "Olha, chegou uma transação na rede do endereço 489 que supostamente vai transferir para você 1 BTC." Mas, como essa transação ainda não está confirmada, o saldo dela continuaria mostrando zero.

A FAMOSA BLOCKCHAIN

Vamos mostrar agora o que é preciso que aconteça para que a transação que Bob criou, enviando 1 BTC da carteira dele para a carteira da Alice, seja confirmada.

Para entender os próximos passos para a confirmação da transação, veremos agora o conceito de blockchain, que é um dos termos mais usados quando se fala em criptomoedas e é uma das principais tecnologias que permitem que a rede Bitcoin funcione.

Traduzindo literalmente do inglês, blockchain seria uma sequência ou cadeia de blocos. Trata-se de uma estrutura de dados na qual as informações são organizadas dentro de blocos, e cada bloco faz referência ao bloco que veio antes dele na cadeia utilizando uma função hash criptográfica, o que garante a imutabilidade dos dados contidos em cada bloco.

Curiosamente, o conceito de blockchain existe desde 1982, quando o criptógrafo David Chaum mencionou essa estrutura em sua dissertação. Em 1991, alguns pesquisadores melhoraram a eficiência dessa estrutura de dados utilizando as árvores Merkle (outro tipo de estrutura de dados que aumenta a capacidade de armazenamento), e com essa inovação criaram uma empresa chamada Surety que oferece o serviço de registro de documentos em uma blockchain. Inclusive, essa blockchain também é pública, pois seus blocos são publicados semanalmente no jornal *The New York Times* desde 1995. Por conta disso, também podemos dizer que essa é a blockchain pública e ativa mais antiga do mundo, embora não seja descentralizada.

Outro jeito de descrever uma blockchain seria: um registro de dados organizado em blocos sequenciais, com marcações da data de criação de cada bloco, no qual só é possível anexar novos blocos e não editar blocos existentes.

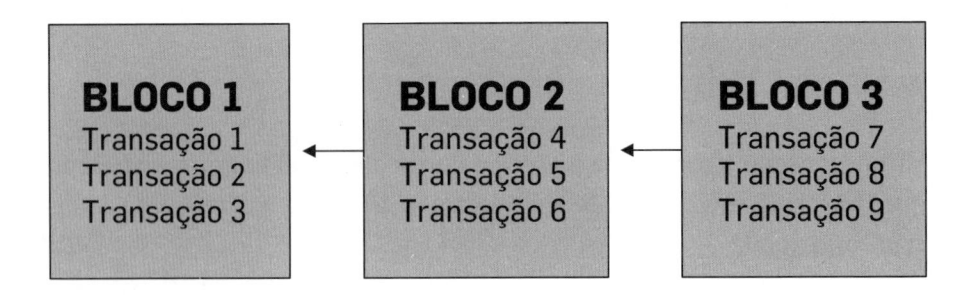

BLOCO 1	**BLOCO 2**	**BLOCO 3**
Transação 1	Transação 4	Transação 7
Transação 2	Transação 5	Transação 8
Transação 3	Transação 6	Transação 9

No caso de blockchains de criptomoedas, os blocos contêm uma lista de transações: o bloco 1 contém as transações 1, 2 e 3; o bloco 2 contém as transações 4, 5 e 6; e assim por diante. Dentro dos blocos estão também os dados das transações: endereços do remetente e do destinatário, e a quantidade de bitcoins que estão sendo enviados em cada transação.

> **Observação:** até 2017, as assinaturas das transações também ficaram armazenadas dentro dos blocos na rede Bitcoin. Nesse ano foi feita uma atualização chamada *SegWit*, e a partir daí a assinatura passou a ser armazenada em uma estrutura de dados separada. Essa mudança foi feita para reduzir o tamanho em bits de cada transação, uma vez que a assinatura poderia ocupar até 65% do espaço da transação. Com isso, foi possível aumentar o número médio de transações que cabiam em cada bloco, tornando a rede mais rápida.

O interessante é que, no caso de praticamente todas criptomoedas, essa blockchain é pública, então qualquer pessoa pode baixá-la no seu computador e examiná-la. Além disso, qualquer minerador, isso é, qualquer pessoa que esteja rodando o software Bitcoin no seu computador, obrigatoriamente vai precisar baixar essa cadeia, porque ele vai precisar validar as transações e, para isso, vai precisar ver se o endereço que está enviando bitcoins de fato tem fundos. Como falamos anteriormente, isso é feito conferindo a sequência de transações históricas para verificar se esse endereço possui fundos suficientes que não foram gastos ainda.

A blockchain, portanto, é o histórico das transações que já foram confirmadas, o histórico da rede Bitcoin. E, seguindo a sequência de blocos, conseguimos voltar até o primeiro bloco lá em 2009, que foi minerado por Satoshi Nakamoto, pseudônimo do criador do Bitcoin. Assim como é possível seguir a linha do tempo até chegar aos blocos mais atuais que estão sendo minerados no dia de hoje, por exemplo. A blockchain apresenta as transações confirmadas e, também, uma lista das pendentes, ou seja, das transações não confirmadas.

No nosso exemplo, a transação de Bob para Alice ainda não está confirmada. Além dessa, poderia haver também a de Fulano que quer enviar para Beltrano 2 Bitcoins e a transação de X para Y querendo enviar 5 BTC e assim por diante. Essa lista, das transações pendentes, também é pública, como foi mencionado anteriormente.

Os nós da rede vão espalhar essas transações pendentes entre si de modo que a lista de transações pendentes fique disponível em toda a rede o mais rapidamente possível.

POR QUE TEMOS MINERADORES?

É bem fácil de entender a necessidade de se validar as transações. O processo é feito para barrar transações fraudulentas, tentativas de se utilizar o mesmo Bitcoin para mais de um pagamento e assim por diante.

Mas por que teremos pessoas ou empresas rodando o software Bitcoin e, portanto, gastando dinheiro com hardware de computadores e energia elétrica, para fazer essas validações? A resposta é simples também: porque eles têm um incentivo econômico para fazer isso.

Cada vez que um minerador valida uma série de transações e adiciona um bloco novo na blockchain, ele recebe uma recompensa por essa validação. Atualmente essa recompensa é de 6,25 BTC por bloco, valor que vai caindo ao longo do tempo (a cada 210 mil blocos, o que acontece mais ou menos a cada 4 anos, a recompensa é dividida pela metade).

Além disso, toda vez que alguém envia uma transação para a rede é possível, opcionalmente, oferecer uma taxa para quem validar sua transação. Assim, quando os mineradores validarem um bloco, vão receber a recompensa-padrão da rede Bitcoin e mais a soma de todas as taxas oferecidas nas transações que eles validaram nesse bloco.

É justamente por conta dessa dinâmica de recompensas que os nós da rede Bitcoin, que no fundo são os computadores rodando o software, são chamados de mineradores. Ao fazer o processo de validação das transações é como se eles estivessem extraindo novos Bitcoins da rede, assim como mineradores tradicionais extraem ouro da terra.

Portanto, nós da rede, mineradores e validadores são todos termos intercambiáveis.

COMO FUNCIONA O PROCESSO DE MINERAÇÃO

Imagine que temos o minerador Alfa e o minerador Beta rodando o software Bitcoin, cada um no seu computador, e a blockchain do nosso exemplo hipotético já tem três blocos válidos.

O minerador tentará criar um novo bloco válido e, como nossa cadeia está no Bloco 3, ele vai tentar criar o Bloco 4. Na prática ele vai escolher as transações que quiser da lista de transações pendentes na rede, e geralmente os mineradores escolhem as que estão pagando a maior taxa por validação.

Vamos imaginar a seguinte lista de transações pendentes e suas respectivas taxas:

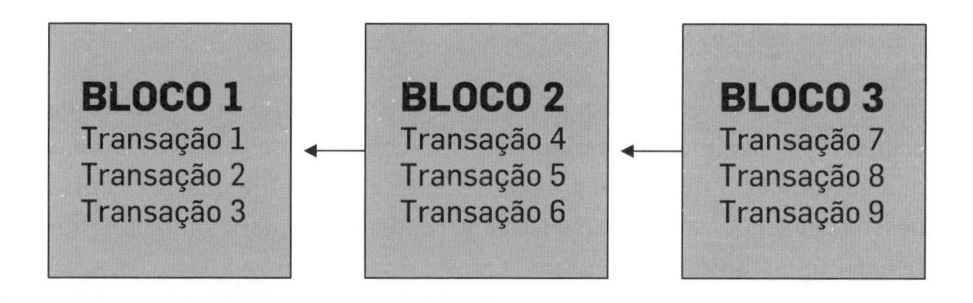

BLOCO 1
Transação 1
Transação 2
Transação 3

BLOCO 2
Transação 4
Transação 5
Transação 6

BLOCO 3
Transação 7
Transação 8
Transação 9

Fulano	enviando 2 BTC	para Beltrano	paga taxa de 0,001 BTC
Bob	enviando 1 BTC	para Alice	paga taxa de 0,0001 BTC
X	enviando 5 BTC	para Y	paga taxa de 0,01 BTC

Então, o minerador Alfa primeiro vai escolher a transação de X mandando para Y, depois a de Fulano mandando para Beltrano e por fim ele escolhe a transação de Bob mandando para Alice. Ele vai listar todas essas transações e assim vai criar um novo candidato a bloco, como ilustrado a seguir.

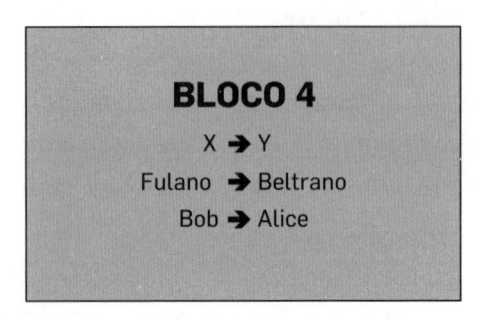

BLOCO 4
X ➔ Y
Fulano ➔ Beltrano
Bob ➔ Alice

A seguir, para que ele consiga realmente adicionar esse bloco na rede, ele precisa resolver um desafio criptográfico, a chamada proof-of-work ou POW.

PROOF-OF-WORK

Proof-of-work, ou em português, prova de trabalho, é um conceito de criptografia, segundo o qual uma pessoa/computador consegue provar que gastou certa quantidade de poder computacional e qualquer outra pessoa consegue verificar que isso é verdade, de maneira simples e praticamente instantânea.

O conceito surgiu em 1993, como uma forma de defesa perante agentes maliciosos em redes de computadores, como spammers de e-mail. O funcionamento é bem simples: suponha que alguém tenha um servidor de e-mails como o Gmail e o Hotmail. Para reduzir a quantidade de spam recebido, pode-se exigir que cada remetente envie, juntamente com o e-mail, uma prova de trabalho (que pode ser algo como calcular o grande número primo).

Sem o requerimento da prova de trabalho, usando um simples computador doméstico, um spammer conseguiria enviar milhões de e-mails de spams por hora. Já com o requerimento da prova de trabalho, uma vez que ele terá que gastar CPU a cada e-mail enviado, a quantidade de e-mail de spam que ele conseguirá enviar por hora cairá drasticamente.

O mesmo conceito é utilizado tanto na rede Bitcoin quanto no Ethereum (e em muitas outras blockchains). Cada minerador precisa resolver um desafio criptográfico para poder anexar um novo bloco à rede. Na ausência de uma prova de trabalho para fazer isso, mineradores maliciosos poderiam ficar tentando anexar blocos com transações falsas ou fraudulentas. Veremos a seguir como funciona o desafio criptográfico na prática.

O minerador Beta, por sua vez, vai seguir os mesmos passos: escolher transações ainda não confirmadas para compor o seu Bloco 4, e depois tentar resolver o desafio criptográfico.

Os mineradores, na prática, estão competindo entre si para ver quem consegue criar um bloco válido antes, porque uma vez anexado o bloco à blockchain a lista de transações pendentes muda (pois algumas foram confirmadas neste último bloco) e o desafio criptográfico também muda.

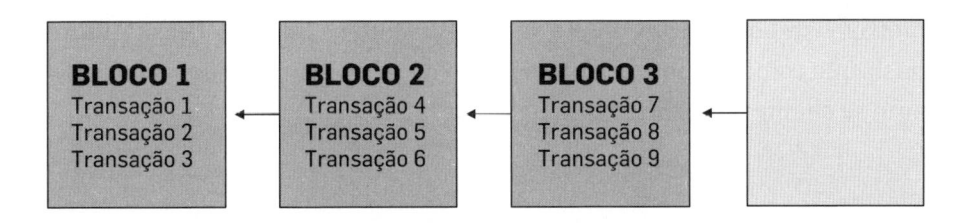

BLOCO 1	**BLOCO 2**	**BLOCO 3**	
Transação 1	Transação 4	Transação 7	
Transação 2	Transação 5	Transação 8	
Transação 3	Transação 6	Transação 9	

E O QUE É UM BLOCO VÁLIDO?

Para ter seu bloco considerado como bloco válido, o minerador terá que incluir três parâmetros. O **primeiro** parâmetro é a lista de transações a serem incluídas no bloco, e cada uma delas deve ser uma transação válida (endereços corretos, saldo suficiente etc.). O **segundo** parâmetro é o *hash* do último bloco confirmado da rede, que no nosso exemplo é o Bloco 3.

No próximo capítulo entraremos em mais detalhes sobre o funcionamento de funções hash. Por ora, basta entender que elas funcionam de modo parecido a um algoritmo de cifragem que vimos no capítulo sobre criptografia. Uma das principais diferenças é que uma função hash pode ter como input uma frase ou dados de qualquer tamanho e seu output será um código sempre com o mesmo tamanho.

No processo de mineração de um novo bloco, todo o conteúdo do bloco anterior é utilizado como input da função hash, e o output será incluído no próximo candidato a bloco.

É justamente esse elemento que garante a imutabilidade da blockchain. Qualquer mudança no conteúdo das transações do Bloco 1, por exemplo, mudaria o código do output da função hash, que por sua vez está incluído no Bloco 2, e essa discrepância seria facilmente detectada. Se o atacante tentasse alterar o output no bloco 2, alteraria o resultado da função hash incluída no bloco três e assim por diante.

O **terceiro** parâmetro é encontrar um número aleatório que resolve o desafio criptográfico.

O desafio criptográfico também utiliza uma função hash. Os 3 parâmetros listados anteriormente são justamente os 3 inputs dessa função hash, que como output gera um número de 256 bits (a função hash usada aqui se chama SHA-256).

O DESAFIO CRIPTOGRÁFICO PARA MINERAR

O desafio consiste em achar um número aleatório N (um dos inputs) de modo que o output da função hash tenha os primeiros X dígitos iguais a 0 (o que é equivalente a dizer que o output deve ser menor do que certo número).

O valor X é a dificuldade do desafio (ou a dificuldade de mineração), que é variável na rede Bitcoin, para que em média os mineradores resolvam o desafio em dez minutos, e justamente por isso temos um novo bloco a cada dez minutos na rede Bitcoin.

Vamos supor que hoje esse número X, que é a dificuldade, seja 5. Isso quer dizer que o primeiro minerador que conseguir achar um número N que resulte em um output binário que comece com 5 zeros terá resolvido esse desafio criptográfico, e vai ter um bloco válido nas mãos que será anexado na blockchain.

O output de uma função hash se comporta como se fosse aleatório, por isso não existe um jeito eficiente de se tentar achar o número N que dará um output que comece com 5 zeros. Então, na prática, o que esse minerador tem que fazer é ir tentando sequencialmente com todos os números possíveis: ele vai começar com zero, depois ele vai tentar com 1, depois vai tentar com 2, depois vai tentar com 3 e assim por diante. Note que o conjunto das transações pendentes e as informações do Bloco 3 permanecem constantes, o minerador só vai variar esse N, para o seu cálculo.

Veja a sequência de tentativas (T = lista de transações e B = hash do bloco anterior):

Tentativa 1: (T, B, 0) = 101101011

Tentativa 2: (T, B, 1) = 011010110

Tentativa 3: (T, B, 2) = 011001101

Tentativa 4: (T, B, 3) = 000101010

Tentativa 5: (T, B, 4) = **00000**1010

As quatro primeiras tentativas não deram certo, pois o número binário resultante não iniciou com 5 zeros, mas na quinta tentativa o número que a função forneceu começou com uma sequência de 5 zeros. Dessa forma, o desafio criptográfico foi resolvido com N = 4, e o minerador agora vai colocar seu bloco na blockchain. Este vai ser o Bloco 4, que contém as transações que não estavam confirmadas.

Lembrando que o minerador vai precisar comunicar seu bloco a toda rede Bitcoin, incluindo as transações pendentes que ele validou, o hash do bloco anterior e o número N que ele usou para resolver o desafio. Com essas informações os outros mineradores conseguem verificar que ele realmente cumpriu o desafio criptográfico e aceitam seu bloco como válido.

Agora o minerador Beta vai saber que seu "vizinho", o minerador Alfa, conseguiu resolver o desafio e anexar o Bloco 4, e confirmou as transações pendentes que havia escolhido (de Fulano para Beltrano, de Bob para Alice e de X para Y). Agora o minerador Beta não poderá mais usar essas transações, pois elas já foram confirmadas. Ele vai puxar novas transações pendentes da lista e vai utilizar não mais o hash do Bloco 3, mas agora no Bloco 4, que já foi inserido na blockchain. Ele vai recomeçar o processo, para ver se consegue minerar o próximo bloco, o Bloco 5.

O minerador Alpha, que conseguiu resolver o desafio criptográfico e efetivamente minerou o Bloco 4, vai receber os 6,25 Bitcoins de recompensa, além das taxas que foram pagas por cada uma das transações validadas. Esses 6,25 Bitcoins vão entrar também no Bloco 4 sem ter um remetente, mas tendo como destinatário o endereço da carteira do minerador que validou esse Bloco 4.

Ao final desse processo, a transação que Bob fez, enviando 1 BTC para Alice, que antes estava na lista de transações pendentes, vai estar finalmente confirmada, porque vai estar presente num bloco que já está anexado na blockchain. Então a carteira da Alice vai passar a mostrar 1 BTC (antes tinha zero) e a carteira do Bob vai passar a mostrar 9 BTC onde antes havia 10.

É importante destacar que esse 1 BTC da carteira da Alice não vai estar armazenado nem no computador dela, nem no celular (nem em lugar nenhum!). Na realidade, essa carteira só armazena as chaves da Alice e mostra os fundos que ela tem à disposição para gastar. O que de fato comprova que Alice tem 1 BTC para gastar é a blockchain e o histórico de transações. No nosso exemplo é o Bloco 4, em que aparece que 1 BTC saiu do endereço da carteira do Bob para a carteira da Alice, que comprova esses fundos.

QUANTAS CONFIRMAÇÕES?

Outro conceito importante é o de **confirmações**. A maioria das carteiras avisa quantas confirmações uma determinada transação tem. No exato momento do nosso exemplo anterior, em que a transação de Bob para Alice entrou no Bloco 4 e este foi confirmado, nós diríamos que essa transação tem uma confirmação, pois ela aparece no bloco mais recente anexado à blockchain.

Apenas uma confirmação, porém, não garante que a transação seja definitiva. Isso ocorre porque dois ou mais mineradores podem conseguir resolver aquele desafio criptográfico ao mesmo tempo, ou muito próximos um do outro, deixando em aberto a decisão sobre qual será o próximo bloco definitivo.

Vamos supor que o minerador Beta, que estava concorrendo com o minerador Alpha, também conseguiu no mesmo momento ou num instante muito próximo achar um N (vamos supor que seja N = 12) e criou um bloco válido. Como não existe uma autoridade central e os nós estão dispersos ao redor do mundo, precisamos considerar o tempo que demora para essa informação se propagar na rede. Pode ser que alguns nós recebam a informação de que o próximo bloco válido foi o Bloco 4 gerado pelo minerador Alpha, enquanto outros nós recebam a informação de que o Bloco 4 validado pelo minerador Beta é o próximo válido (alguns ainda podem receber a comunicação de ambos os blocos!).

Outro ponto importante: **as transações que estão nesses blocos podem ser diferentes**: o bloco 4 que foi minerado e validado pelo minerador Alfa contém a transação de Bob para Alice e o bloco — que também será o Bloco 4 — minerado e validado pelo minerador Beta **não** contém a transação de Bob para Alice.

Neste momento, Alice já pode ter recebido a notificação de que recebeu 1 BTC enviado por Bob, porque o Bloco 4 minerado pelo minerador Alfa é válido e foi comunicado a sua carteira. Dito isso, a blockchain vai apresentar nesse momento uma bifurcação. Os mineradores ao redor do mundo vão poder utilizar como bloco atual (para fazer o hash) tanto o Bloco 4 do minerador Alpha quanto o Bloco 4 do minerador Beta.

Nessa situação, entra o conceito de **consenso distribuído**: os mineradores precisarão chegar a um consenso sobre quais serão realmente os blocos válidos, qual a ordem deles, e quais as transações válidas em cada bloco.

Como decidir? Eis a simples regra: **a cadeia de blocos mais longa é considerada a definitiva.**

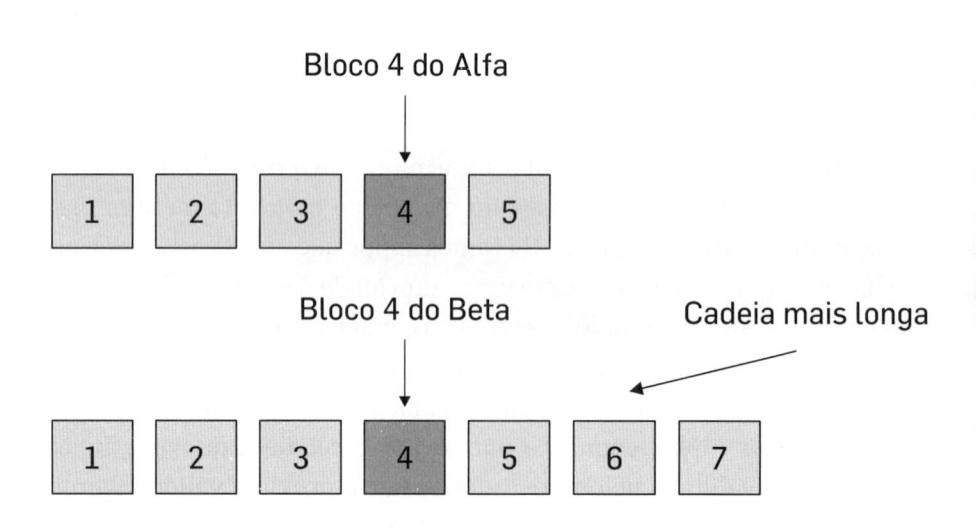

Bloco 4 do Alfa
↓
| 1 | 2 | 3 | 4 | 5 |

Bloco 4 do Beta
↓
| 1 | 2 | 3 | 4 | 5 | 6 | 7 | Cadeia mais longa

Por exemplo, se a maioria dos mineradores se apoiasse no bloco 4 minerado pelo minerador Beta, portanto anexando mais blocos nessa cadeia, a transação de Bob para Alice deixaria de estar confirmada e teria que aguardar ser incluída em um novo bloco.

É por isso que apenas uma confirmação não dá 100% de certeza que a transação é definitiva, embora essa situação seja rara. Para pagamentos pequenos, de, por exemplo, US$100 ou US$200, não haveria problema em aceitar apenas uma confirmação (pois a chance de a transação ser revertida é muito baixa e o valor é pequeno). Já para pagamentos mais vultosos, é melhor que se espere um número maior de confirmações. O padrão da rede é considerar que com seis confirmações a transação é definitiva.

Depois da primeira confirmação, que acontece quando a transação entra em um bloco, as próximas acontecem cada vez que um novo bloco é validado na sequência do bloco em que a sua transação está. Vamos supor que a transação de Bob para Alice estivesse no Bloco 4. A validação do Bloco 4 seria a primeira confirmação, e a validação do Bloco 5 com o hash do Bloco 4 seria a segunda confirmação. A validação do Bloco 6 seria a terceira confirmação e assim por diante.

O ATAQUE DE 51%

A espera por um número suficiente de confirmações se faz necessária não apenas pela possibilidade de dois ou mais mineradores conseguirem resolver o desafio criptográfico em um tempo próximo uns dos outros, mas principalmente pela possibilidade de agentes maliciosos tentarem atacar a rede com blocos que contêm transações fraudulentas.

Caso um atacante consiga controlar 51% do poder computacional da rede Bitcoin, ele conseguiria anexar mais blocos que todos outros mineradores juntos e, portanto, conseguiria construir a cadeia mais longa, incluindo transações fraudulentas nos blocos, em que, por exemplo, ele gasta o mesmo Bitcoin duas ou mais vezes.

Note que o atacante precisa controlar 51% do poder computacional da rede, e não do número de nós da rede. Não adiantaria nada controlar 51% do número de nós se cada nó do atacante for um computador doméstico, que não consegue resolver o desafio criptográfico com rapidez e eficiência.

Muitas vezes esse poder computacional é chamado de **hash power**, pois a medição se dá de acordo com quantas funções hash ele consegue executar por segundo, o que equivale a quantas tentativas de solucionar o desafio criptográfico ele consegue fazer por segundo, chamado de **hash rate**.

E é justamente pela dinâmica do ataque citado anteriormente que, no capítulo anterior, explicamos que o protocolo de consenso usado na rede Bitcoin, chamado de consenso Nakamoto, se torna vulnerável quando o atacante controla 51% da rede.

Esperamos que, agora, o leitor já tenha uma ideia um pouco mais aprofundada de como funciona a rede Bitcoin. Em capítulos anteriores já foi explicado que o Bitcoin é uma moeda digital, descentralizada, com oferta limitada e baseada em criptografia. No presente capítulo, pudemos investigar o que ocorre no interior da rede para garantir as transações e a integridade do sistema.

Com o conhecimento agora adquirido, acho interessante incluir novamente, para uma nova leitura, o primeiro e-mail e abstrato do whitepaper[1] de Satoshi Nakamoto:

> "Estou trabalhando em um novo sistema de dinheiro eletrônico totalmente peer-to-peer, sem entidade central para manter a confiança do sistema.
>
> "As principais propriedades:
>
> » O gasto duplo é evitado com uma rede peer-to-peer.
> » Sem entidade central para manter a confiança do sistema.
> » Os participantes podem ser anônimos.

---

[1] O whitepaper está disponível em: http://www.bitcoin.org/bitcoin.pdf

> » Novas moedas são feitas com proof-of-work, no estilo Hashcash.
> » O proof-of-work para a nova geração de moedas também sustenta a rede para evitar gastos duplos.

"Bitcoin: um sistema de dinheiro eletrônico peer-to-peer.

"Abstrato: uma versão puramente peer-to-peer de dinheiro eletrônico permitiria que pagamentos online fossem enviados diretamente de uma parte para outra sem o ônus de passar por uma instituição financeira. As assinaturas digitais fornecem parte da solução, mas os principais benefícios são perdidos se uma entidade central ainda for necessária para evitar gasto duplo. Propomos uma solução para o problema do gasto duplo usando uma rede peer-to-peer. A rede coloca um carimbo digital de data nas transações incluindo o hash delas em uma cadeia contínua de proof-of-work, formando um registro que não pode ser alterado sem refazer toda a prova de trabalho. A cadeia mais longa não serve apenas como prova da sequência de eventos testemunhados, mas prova de que ela veio do maior pool de poder computacional. Desde que os nós honestos controlem a maioria do poder computacional na rede, eles podem gerar a maior cadeia e ultrapassar quaisquer atacantes. A rede requer recursos mínimos. As mensagens são transmitidas no estilo best effort, e nós podem sair e se juntar à rede a qualquer momento, aceitando a cadeia mais longa do proof-of-work como prova do que aconteceu enquanto eles se foram."

CAPÍTULO 15

FUNÇÕES HASH

No presente capítulo, vamos discorrer um pouco sobre *hash functions* ou funções hash em português, um conceito muito importante na área de criptografia, além de ser usado em diversos segmentos do protocolo da rede Bitcoin e de outras criptomoedas, como vimos no capítulo anterior.

Uma função hash é um algoritmo que vai mapear dados de tamanho variável e transformá-los em dados de tamanho fixo.

Por exemplo, o input de uma função hash poderia ser uma frase, um livro, um contrato, uma imagem ou um vídeo, desde que em formato digital (afinal, mesmo imagens ou vídeos em formato digital são apenas sequências de bits armazenados no computador), ou até mesmo todos os artigos da Wikipédia juntos! Em todos esses casos, o output seria uma sequência de caracteres (no fundo, mais uma vez, uma sequência de bits) de tamanho fixo, por exemplo 128 ou 256 caracteres.

E qual a utilidade disso? Podemos ter vários nomes de usuários e transformar esses nomes em números de 0 a 15. Uma operação como essa poderia ser usada em um banco de dados para tornar a busca de informações referentes a cada usuário nesse banco mais rápida e mais eficiente.

```
   Maria    ──▶   10

  Fernando  ──▶    8

   Gabriel  ──▶    3
```

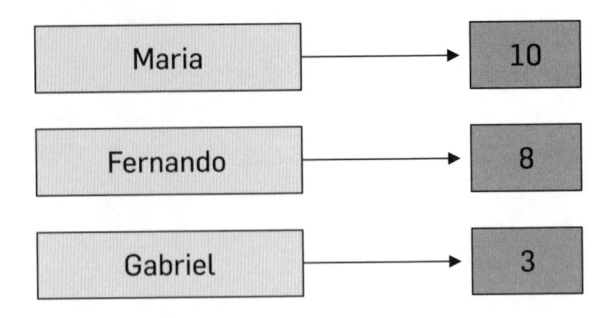

Em vez de buscar nome por nome, coluna por coluna no banco de dados, usa-se uma função hash para converter, por exemplo, um determinado nome no valor 01 e, uma vez que esse usuário chegar ao sistema, saberemos que todos os dados referentes ao perfil dele estão na posição 01 do banco de dados.

O funcionamento desse algoritmo vai depender de sua implementação, e, no fundo, é uma função matemática.

Vejam um exemplo simples: um algoritmo de hash poderia converter cada uma das letras de um nome no seu valor de acordo com a posição no alfabeto e somar tudo. Para o caso de "Maria", se fosse aplicada essa função hash básica — a conversão da letra na posição que ela ocupa no alfabeto —, teríamos a seguinte equivalência:

$$M = 13$$
$$A = 1$$
$$R = 18$$
$$I = 9$$
$$A = 1$$

$$\text{TOTAL} = 42 \ \% \ 16 = 10$$

A soma de todas as letras do nome será 42, e se quisermos que esse hash fique dentro de um certo valor, por exemplo somente de 0 a 15 (afinal o output deve sempre ter o mesmo tamanho em bits), basta aplicar a função de módulo (a função de módulo faz parte da aritmética modular, um braço da matemática importante para a criptografia)[1]. Assim, 42 módulo 16 terá como resultado 10. Maria entraria, então, na posição 10.

É possível, entretanto, que dois nomes ou duas *strings* (string = sequências de caracteres), ao passarem pela função hash, produzam o mesmo valor, o mesmo hash. Essa ocorrência é chamada de **colisão**, mas não é necessariamente um problema. No caso de um banco de dados, é possível resolver isso facilmente, colocando os dados referentes a esses dois usuários na mesma posição. Então haveria, por exemplo, uma lista de perfis de usuários em cada uma dessas posições.

Passemos agora a ver quais são as propriedades das funções hash e quais são os seus usos.

PROPRIEDADES DAS FUNÇÕES HASH

Prioridade 1: conforme vimos anteriormente, uma função hash é um algoritmo que mapeia/transforma dados de tamanho variável em dados de tamanho fixo.

Ou seja, o input dessa função deve poder ser qualquer sequência de caracteres ou bits (de qualquer tamanho), e o output deve ter sempre um tamanho fixo (por exemplo, 128 ou 256 bits).

Propriedade 2: também precisa existir um algoritmo eficiente para fazer esse mapeamento, do contrário essa função não seria útil em praticamente qualquer contexto, pois levaria muito tempo para executá-la e obter o output.

---

[1] https://pt.wikipedia.org/wiki/Aritm%C3%A9tica_modular

Propriedade 3: por fim, essa função também deve ser determinista. Isso quer dizer que o mesmo input deve sempre produzir o mesmo output. Ou seja, toda vez que for inserido o dado, por exemplo, "Maria" na função hash, o output deve ser o mesmo, por exemplo 10, como em nosso exemplo anterior.

USOS DAS FUNÇÕES HASH

Uso 1: o primeiro uso de uma função hash é para representar, de forma mais concisa, certo conjunto de dados. Em inglês isso é chamado de *digest* ou *message digest*. Funciona como se fosse uma maneira de resumir os dados, e isso é muito usado para assinaturas digitais e criptográficas.

Por exemplo, os algoritmos das assinaturas digitais são computacionalmente caros, e muitas vezes será mais eficiente em primeiro lugar calcular o hash daquilo que se está querendo assinar (uma imagem ou vídeo, por exemplo) e, depois, assinar esse hash resultante que é bem menor. O efeito final acaba sendo o mesmo, mas se economiza poder computacional.

Uso 2: as funções hash também são usadas para achar dados duplicados em um conjunto grande ou desorganizado de dados. Uma vez que, como foi dito, essas funções são deterministas, se dois dados estiverem duplicados, eles vão produzir o mesmo hash, então basta comparar o hash desses dados.

Uso 3: no primeiro exemplo deste capítulo mostramos como as funções hash podem ser usadas em bancos de dados para deixar a busca por informação mais rápida e mais eficiente. Trata-se de uma prática muito comum em quase todas as arquiteturas de bancos de dados.

Uso 4: por fim, também podem ser usadas funções hash para se verificar a integridade dos dados da mensagem, para assegurar que a mensagem que chegou no destinatário é a mesma que saiu do remetente.

FUNÇÕES HASH CRIPTOGRÁFICAS

Até aqui, apresentamos apenas funções hash genéricas, usadas em Ciência da Computação e em softwares tradicionais. Existe também um subconjunto, as funções hash criptográficas, que são usadas na criptografia e precisam atender a alguns outros requisitos além dos já mencionados.

Requisito 1: o primeiro deles é a necessidade de ser isenta de colisões. **Colisões** ocorrem, como já mencionado anteriormente, quando dois inputs vão resultar, coincidentemente, em um mesmo output. Por exemplo, se passarmos "Maria" por uma determinada função hash, ela fornecerá um hash como output, que poderia ser 12. Se passarmos "João" pela função e sair o mesmo hash 12, estará ocorrendo a chamada **colisão**. E, para uma função hash criptográfica, isso deve ser evitado.

Na realidade, essas funções não vão ser isentas de colisões. Uma vez que o input pode ser qualquer string e o output é fixo, por exemplo com 128 bits, o número de strings possíveis no input é muito maior do que o número de strings possíveis no output. Logo, inevitavelmente, ocorrerão algumas colisões. Mas essa função precisa ser resistente a colisões. Ou seja, estatisticamente a probabilidade de se conseguir achar uma colisão tem que ser muito pequena. Tanto para que essa colisão não aconteça acidentalmente quanto para que uma pessoa qualquer — um hacker, alguém mal-intencionado querendo fraudar algum sistema criptográfico — não consiga, mesmo colocando muito esforço computacional, achar dois inputs que vão produzir o mesmo output.

Requisito 2: o segundo requisito de uma função hash criptográfica é que ela seja não reversível. Ou seja, quando uma pessoa mal-intencionada olhar somente o hash, deverá ser impossível chegar de volta ao input que foi usado para gerar esse hash, caso contrário se criam vulnerabilidades no sistema usando essa função hash.

Requisito 3: por fim, é interessante que essa função tenha um efeito avalanche. Isso significa que pequenas mudanças no input devem produzir grandes mudanças no output. Se, por exemplo, o input for "Maria" e produzir um certo hash, uma vez alterado esse input para "Mario", ou seja, mudando uma letra só, o hash resultante deverá ser algo totalmente não relacionado ao hash de "Maria".

FUNÇÕES HASH E BLOCKCHAINS

E finalmente chegamos às criptomoedas. Onde exatamente as funções hash são utilizadas quando se fala em criptomoedas e blockchains? Em várias partes! Por isso entender essas funções é muito importante para quem deseja compreender as criptomoedas.

Uso em blockchain 1: as funções hash são usadas para produzir os endereços da maior parte das criptomoedas (exemplo a seguir).

Uso em blockchain 2: também são usadas na assinatura que vai validar as transações. Em vez de assinar a transação completa é gerado um hash para se criar um resumo dessa transação e então a assinatura é feita em cima desse hash resultante, gerando economia computacional.

Uso em blockchain 3: as funções hash também são utilizadas para garantir a integridade da blockchain. Isso acontece quando um novo bloco "aponta" para o anterior. Esse apontamento é feito usando o hash do bloco anterior.

Uso em blockchain 4: por fim, o desafio criptográfico realizado pelos mineradores em redes proof-of-work consiste em se achar o número que fará com que o hash do bloco anterior seja inferior a certo limite.

EXEMPLO: ENDEREÇOS NA REDE BITCOIN

Vejamos, a seguir, um exemplo concreto de como uma função hash é utilizada no protocolo Bitcoin.

Toda carteira Bitcoin é composta de duas chaves, uma privada e uma pública. A chave privada é usada para assinar as transações e para autorizar o envio de fundos; já a chave pública é basicamente o endereço que vai ser utilizado para receber os fundos.

Essa chave pública é um número de 256 bits. Para se chegar até o endereço que os usuários estão acostumados a ver quando se vai enviar ou receber fundos a partir dessa chave pública em binário de 256 bits, esse número é passado por diversas funções hash.

Primeiramente, o número binário é passado pela função chamada SHA-256; depois ele passa por outra função hash RIPEMD-160, a qual vai converter de 256 para 160 bits. Em seguida, vai passar mais uma vez pela SHA-256, mas agora para fazer um *checksum* — adicionam-se alguns dígitos para verificar se o que foi digitado está correto — e, por fim, é feita uma codificação chamada *Base58Check*, para transformar esse número hexadecimal em uma sequência de caracteres mais curta e mais legível por seres humanos.

CAPÍTULO 16

NÚMEROS BINÁRIOS E HEXADECIMAIS

Neste capítulo, vamos falar um pouco mais sobre números binários e números hexadecimais. Como os leitores já devem ter ouvido falar, os computadores e as tecnologias digitais trabalham com números binários (bits, e bytes, que são conjuntos de 8 bits). Como o Bitcoin e as outras criptomoedas são moedas eletrônicas, o funcionamento delas está apoiado em sistemas binários.

Dessa forma, para entender melhor como funcionam as criptomoedas é interessante ter uma noção, nem que seja superficial, do que são os números binários e os hexadecimais, os quais, muitas vezes, são usados para representar os binários.

O nosso sistema de representação numérica se chama decimal porque tem dez algarismos — que são símbolos da linguagem matemática — para representação dos números. No sistema decimal, também chamado de base 10, os algarismos são 0, 1, 2, 3, 4, 5, 6, 7, 8 e 9.

Num sistema binário, por sua vez, que é um sistema com base 2, há somente dois algarismos para representação, o 0 e o 1.

Já o sistema hexadecimal, cuja base é 16, vai apresentar 16 algarismos: 0, 1, 2, 3, 4, 5, 6, 7, 8, 9, A, B, C, D, E e F. As letras são usadas para não haver confusão com a repetição de símbolos caso se colocasse o 10. Portanto A = 10, o B = 11, o C = 12, o D = 13, o E = 14 e o F = 15.

Independentemente da base que for usada, o nosso sistema numérico é chamado de posicional, porque a posição do algarismo do dígito vai determinar o valor que ele terá. Se começa com a base exponenciada a zero e, conforme colocamos algarismos à esquerda, se aumenta a exponenciação da base.

Por exemplo, o número 125 em base 10 pode ser representado como:

$$1 \times 10 + 2 \times 10 + 5 \times 10^0$$

10^2 é 100, então 1 x 100 = 100

10^1 é 10, então 2 x 10 = 20

10^0 é 1, então 5 x 1 = 5

Portanto, 100 + 20 + 5 = 125

Como se pode ver, dependendo da posição, vamos multiplicar pela base elevada à potência respectiva dessa posição.

Vamos ver um exemplo agora com base 2: o número binário 111. Isso seria equivalente a escrever:

$$1 \times 2 + 1 \times 2 + 1 \times 2^0$$

2^2 é 4, então 1 x 4 = 4

2^1 é 2, então 1 x 2 = 2

2^0 é 1, então 1 x 1 = 1

Portanto 4 + 2 + 1 = 7

Ou seja, o número 111 em binário equivale ao número 7 em base 10.

A mesma coisa vai ocorrer, no caso de usarmos a base 16. Peguemos o número B7F, por exemplo. Isso seria igual a:

$$11 \times 16 + 7 \times 16 + 15 \times 16^0$$

16^2 é 256, então 11 x 256 = 2816

16^1 é 16, então 7 x 16 = 112

16^0 é 1, então 15 x 1 = 15

Portanto, 2816 + 112 + 15 = 2943

Ou seja, o número B7F em hexadecimal equivale ao número 2943 em base 10.

POR QUE BASE 10 OU BASE 2?

As perguntas que frequentemente vêm à cabeça são "Por que razão há essas bases — base 10, base 2 e base 16 — que acabamos de descrever?", "Por que elas se tornaram populares, em vez de, por exemplo, uma base 3 ou base 7?".

A base 10 é usada pelos seres humanos na maior parte dos contextos, e acredita-se que se tornou popular justamente porque nós temos dez dedos. Seria então o sistema mais intuitivo aos seres humanos.

Já a base 2, o sistema binário, que é usado nos computadores, surgiu por uma limitação de hardware. Os computadores usam transistores para realizarem as operações lógicas, e o transistor nada mais é do que um circuito elétrico que deixa passar corrente elétrica em alguns casos, e em outros, não. Os números binários são representados pela tensão elétrica dentro dos circuitos do computador. Por exemplo, nos computadores modernos, 3 volts de tensão (com margem de erro) representam o 1 no sistema binário, e a ausência de tensão (com uma margem de erro também, até 0,5 volts), representa o 0.

Se quiséssemos usar um sistema com uma base maior do que a base 2, por exemplo a base 10, seria preciso diferenciar nesses sistemas elétricos entre 10 níveis de tensão. Por exemplo, de 0 a 0,3 volts seria o 0; de 0,3 a 0,6 seria o 1; de 0,6 a 0,9 o 2 e assim por diante. O problema é que o hardware não tem esse nível de precisão para diferenciar a tensão, o que resultaria num sistema muito instável e com muitos erros. Por isso foi decidido adotar, como padrão, o sistema binário no qual tensão = 1 e ausência de tensão = 0. É um sistema que funciona muito bem e não é à toa que é usado até hoje nos computadores modernos.

HEXADECIMAL

Falemos agora do sistema hexadecimal e por que, em alguns contextos, são usados números com a base 16.

Tomemos como exemplo, o número 2943 na base 10. Se o convertermos para a base 2, ou seja, para o sistema binário, obteremos esta sequência de bits (um bit é um dígito binário, 0 ou 1, e um byte é um conjunto de 8 bits):

101101111111

Se convertermos essa sequência de bits para o sistema hexadecimal, ela vai virar **B7F**. Como se pode ver, tínhamos antes um número com 12 algarismos e agora, na base 16, ele passou a ter somente 3 algarismos.

A primeira razão para se usar a base 16, o sistema hexadecimal, é que ela serve para representar um número binário de uma forma muito mais concisa.

A segunda razão é que a conversão do binário para o hexadecimal é relativamente fácil, pois podemos trabalhar em grupos de 4 bits. Pegamos os quatro dígitos da esquerda (1011), que é igual a B em hexadecimal (ou 11 no sistema decimal). Pegando os quatro dígitos do meio (0111), teremos o equivalente a 7 e, se pegarmos os quatro dígitos da direita (1111), teremos o equivalente a 15 em decimal, que é o F em hexadecimal, resultando em B7F.

SISTEMAS NUMÉRICOS E O BITCOIN

Mas, afinal, qual é a relação disso tudo com o Bitcoin e com as outras criptomoedas?

Em primeiro lugar, é interessante e importante entender que em sistemas digitais, por baixo do pano, estamos falando somente de bits sendo armazenados e movimentados de um lado para outro. O filme que você assiste na Netflix está armazenado como uma sequência de bits em algum servidor, e no momento que você aperta play esses bits começam a ser transferidos do servidor para seu celular ou computador. Da mesma forma, quando você enviar Bitcoin para alguma outra pessoa, a sua carteira enviará a transação como uma sequência de bits para a rede Bitcoin, e os nós da rede irão validar essa transação manipulando e processando esses bits para ver se a transação tem fundos, se está assinada corretamente e etc.

Em segundo lugar, bits e números binários aparecem explicitamente em algumas partes fundamentais do protocolo Bitcoin. Por exemplo, o desafio criptográfico que os mineradores de Bitcoin precisam resolver para validar um bloco consiste em achar um número binário (aplicando uma função hash) cujos primeiros X bits sejam iguais a 0.

Por fim, a representação hexadecimal também é utilizada em diversas partes do protocolo Bitcoin, como, por exemplo, no endereço das carteiras.

SEÇÃO V

ETHEREUM E CONTRATOS INTELIGENTES

CAPÍTULO 17

ETHEREUM

Imagine que estamos em época de eleição. Você acredita firmemente que o candidato A ganhará as eleições, enquanto seu amigo acredita firmemente que é o candidato B que será eleito. Vocês decidem fazer uma aposta segundo a qual quem perder se compromete a pagar ao vencedor a quantia de R$50,00, e eis que surge o problema da confiança. Como garantir que o perdedor pagará ao ganhador?

Até hoje, existiam basicamente três possibilidades para se realizar uma aposta desse tipo. Em primeiro lugar, os apostadores poderiam proceder simplesmente na confiança de que a outra parte cumpriria com a sua palavra e honraria a sua dívida, caso perdesse a aposta. Em segundo lugar, seria possível assinar um acordo com contrato e, caso a parte perdedora não cumprisse o acordado, o ganhador poderia tentar acioná-la judicialmente. Em terceiro lugar, seria possível usar uma terceira pessoa ou empresa que intermediasse a aposta. Cada uma das partes transferiria antecipadamente o valor apostado para essa terceira entidade e, uma vez apurado o resultado, a entidade repassaria o montante total ao vencedor.

Claramente essas três possibilidades têm problemas. Na primeira delas, não há garantia nenhuma e o vencedor teria que confiar na boa índole e na palavra da outra parte. Na segunda, se a outra parte não cumprisse o acordado, o ganhador teria que recorrer ao sistema judiciário, o que é burocrático e custoso e, dependendo do valor apostado, não valeria a pena. Na terceira opção, seria preciso confiar na entidade que realizaria a intermediação da aposta. Caso essa entidade não fosse honesta, ou caso ela tivesse problemas financeiros enquanto o montante da aposta estivesse em sua posse, o valor apostado poderia ser perdido.

Existe alguma forma mais eficiente e segura para resolver esse problema? Os contratos inteligentes surgiram para solucionar esse tipo de situação e outras ainda mais complexas, como veremos logo adiante.

A DIFERENÇA ENTRE O BITCOIN E O ETHEREUM

Como vimos nos capítulos anteriores, o Bitcoin surgiu com o propósito de ser uma moeda digital descentralizada. O software do Bitcoin inclui a possibilidade de transações executarem comandos ou pequenos trechos de código. Por exemplo, é possível enviar uma transação em que o código irá verificar se a condição X é verdadeira, e em caso positivo executará uma ação ou, em caso negativo, executará outra. Na área de programação, isso se chama "comando condicional", também chamado de "if else".

Embora comandos condicionais e outros recursos de programação tenham sido incluídos no software Bitcoin, ele não foi projetado para isso ou com esse foco. Identificando essa limitação do Bitcoin e, portanto, essa oportunidade no mercado, em 2013 Vitalik Buterin decidiu lançar uma nova criptomoeda e uma blockchain focando a parte de programação. A ideia era de que essa criptomoeda funcionasse não apenas como um ativo financeiro, mas também como uma espécie de computador global e descentralizado. O Ethereum também traz uma linguagem de programação própria, chamada Solidity, que permite criar praticamente qualquer tipo de lógica de programação ou software que pode ser criado com outras linguagens.

As transações da rede Ethereum, além de transferir valores monetários, podem executar comandos dos programas criados nela. Desse modo, cada novo bloco minerado e anexado à blockchain do Ethereum representa o estado atual desse computador global e descentralizado, assim como a memória de um computador tradicional representa o estado dele naquele momento.

Na rede Ethereum, dois tipos de entidades podem ter um endereço para receber e enviar transações: pessoas ou carteiras tradicionais e também contratos inteligentes. Ou seja, é possível enviar certa quantidade de Ethereum ao endereço de um contrato, e o que será feito depois dessa transação e com o dinheiro enviado depende de como tal contrato está programado. Esses contratos na rede Ethereum, que, portanto, são softwares armazenados e executados em uma blockchain, são os chamados contratos inteligentes.

O Ethereum não é a única blockchain capaz de armazenar e executar contratos inteligentes, mas foi a pioneira e também é, em vasta medida, a mais usada para esse fim. O termo "contrato inteligente" pode confundir algumas pessoas, então vamos esclarecer o que ele quer dizer. Aqui "contrato" não significa um contrato jurídico como conhecemos, mas um **contrato digital**, que tem algumas características, mas não todas, dos contratos tradicionais. Um contrato digital, uma vez que é criado com código e software, preestabelece o que acontecerá caso certas condições sejam verificadas. Isso é parecido com um contrato jurídico tradicional, cujas cláusulas determinam o que deverá acontecer diante de possíveis cenários.

Uma diferença é que no caso de um contrato jurídico, é o sistema judiciário que garante que ele será julgado adequadamente e executado. No caso de um contrato inteligente de uma blockchain, o próprio software garante sua execução, e podemos dizer que essa garantia é até mais sólida que a do sistema judiciário uma vez que não depende da interpretação de juízes. Além disso, a execução, uma vez verificadas as condições necessárias, é mais rápida (ou imediata no caso de muitas blockchains).

Uma similaridade entre os contratos inteligentes e os contratos jurídicos tradicionais é que, de certa forma, as pessoas também assinam para firmar esse contrato inteligente. A diferença é que essa assinatura se dá por meio de uma transação na blockchain. Veremos a seguir um exemplo de como essa assinatura acontece.

COMO RESOLVER O PROBLEMA DA APOSTA POR MEIO DE CONTRATOS INTELIGENTES

O primeiro passo seria criar um contrato inteligente. Na prática, isso quer dizer escrever o código na linguagem de programação do Ethereum e disponibilizá-lo na rede Ethereum. Uma vez feito isso, esse contrato inteligente passa a ter um endereço de carteira e qualquer pessoa ou empresa pode enviar uma transação a esse endereço para participar e utilizar o contrato.

A lógica de programação do contrato inteligente seria mais ou menos assim: a pessoa A envia de sua carteira uma certa quantidade de Ethers (Moeda da rede Ethereum) ao endereço do contrato, especificando o nome de quem ela acha que ganhará a eleição. A pessoa B envia de sua carteira a mesma quantidade de Ethers ao endereço do contrato, especificando o nome de quem ela acredita que ganhará a eleição. O contrato irá então reter os fundos e, após a conclusão da eleição, irá, automática e independentemente, verificar o nome do vencedor e enviar o montante total da aposta ao apostador A ou ao apostador B, dependendo do resultado.

O contrato já tem conhecimento do endereço da carteira do apostador A e do apostador B, portanto a transação para transferir o montante total é trivial. Um pouco mais complicada é a parte em que o contrato precisa "descobrir" quem ganhou a eleição. O modo como se dará essa verificação deve ser programado com código, durante a criação do contrato.

O jeito mais fácil de fazer isso seria especificar uma certa data, por exemplo dez dias após o dia da votação da eleição, e especificar um oráculo — que nada mais é do que uma fonte de informação que fornecerá o nome do novo presidente, como a página da Wikipédia que lista todos os presidentes dos Estados Unidos. É muito provável que dez dias após a votação essa página já esteja atualizada com o nome do novo presidente, e o contrato inteligente fará a decisão da aposta com base nessa informação.

Vejamos agora alguns pontos que talvez não tenham ficado claros e que reforçam ainda mais o potencial transformador dessa tecnologia.

Em primeiro lugar, os contratos inteligentes são públicos e auditáveis. Quando uma empresa ou uma pessoa programa certo contrato inteligente ou rede disponível em uma blockchain, qualquer outra pessoa ou empresa pode analisar seu código e sua lógica de programação para avaliar se ele está correto e se faz exatamente o que deve fazer.

Em segundo lugar, uma vez iniciada a dinâmica da aposta (ou seja, uma vez que o contrato e as transações dos apostadores A e B estejam na blockchain), tudo fica imutável. A versão atual do contrato não pode ser modificada e as transações dos apostadores não podem ser revertidas. Obrigatoriamente continuaremos até a execução final do contrato, que implica na transferência do montante total para o apostador A ou apostador B. Nenhuma pessoa, empresa ou instituição conseguirá alterar esse processo.

Juntando esses dois pontos, já conseguimos ver por que os contratos inteligentes podem trazer um nível muito maior de transparência e segurança para ambas as partes envolvidas. Em terceiro lugar, as taxas para se executar a dinâmica das apostas podem ser ordens de grandeza menores com um contrato inteligente do que com soluções tradicionais, utilizando alguma empresa para intermediar o processo ou utilizando contratos jurídicos tradicionais.

Transparência, segurança, baixo custo e descentralização para não depender de nenhuma pessoa, empresa ou instituição. É por causa desses benefícios que os contratos inteligentes têm um potencial enorme, talvez até maior que o Bitcoin. O exemplo da aposta apresentado anteriormente foi escolhido para ilustrar o funcionamento dos contratos inteligentes de um modo simples, mas podemos aplicá-los a questões muito mais complexas e impactantes na sociedade. Imagine como contratos inteligentes podem melhorar o funcionamento de registros de imóveis, de ações da bolsa de valores, de transações financeiras entre pessoas, empresas, bancos e assim por diante. Em teoria, por exemplo, é perfeitamente possível replicar todo o comportamento e a funcionalidade de uma bolsa de valores ou de um banco por meio de contratos inteligentes. Até mesmo uma empresa ou instituição poderia ser criada e gerenciada com contratos inteligentes, e já existem tentativas reais disso. Imagine um software autônomo que tem a capacidade e os recursos para gerenciar uma série de processos e inclusive contratar pessoas para executarem certas tarefas. Loucura? Esse cenário pode estar mais próximo do que se imagina!

CAPÍTULO 18

COMO FUNCIONA O ETHEREUM E SUAS PRINCIPAIS DIFERENÇAS EM RELAÇÃO AO BITCOIN

Neste capítulo, apresentaremos mais detalhes do funcionamento do Ethereum. Isso é importante para aprender não somente o funcionamento desse projeto, mas também o de praticamente todas as blockchains e criptomoedas que trabalham com contratos inteligentes, pois são muito similares.

Muitas vezes a melhor maneira para se entender algo é realizar a comparação com outra coisa cujo funcionamento já conhecemos. Apoiar-se nas similaridades e nas diferenças facilita o entendimento. É exatamente o que faremos neste capítulo, ilustrando no que coincidem e no que divergem o Ethereum e o Bitcoin.

SIMILARIDADES ENTRE O BITCOIN E O ETHEREUM

1. Ambos funcionam como dinheiro

Tecnicamente, Ethereum é o nome do projeto e Ether é o nome da moeda, mas tanto o Ether quanto o Bitcoin são moedas digitais. Ou seja, funcionam como uma espécie de dinheiro digital e respeitam as três características fundamentais para cumprir esse papel: podem ser trocadas por outros serviços e mercadorias no mercado, armazenam valor e poder de compra ao longo do tempo e são facilmente fracionadas e mensuradas. Obviamente, como em qualquer tipo de dinheiro, cabe discussão em relação a quão bem cada uma dessas moedas desempenha essas funções.

2. Os dois são criptomoedas

O funcionamento do software e das redes Bitcoin e Ethereum depende em grande parte de princípios e funções criptográficas.

A criptografia é utilizada, entre outras coisas, na geração das chaves públicas e privadas, que, por sua vez, são utilizadas como endereços das carteiras e como assinatura para autorizar as transações.

3. Tanto um quanto o outro são descentralizados

Nenhuma pessoa, empresa ou instituição controla o Bitcoin ou o Ethereum. Ambos são projetos descentralizados. Por exemplo, qualquer pessoa ou empresa pode rodar um nó da rede Bitcoin ou da rede Ethereum em seu computador ou rede de computadores, tornando-se assim um minerador e ajudando a validar as transações da rede. Como os softwares são open source, qualquer pessoa ou empresa também pode copiá-lo, modificá-lo e lançar uma rede e uma moeda alternativas com base nesse software.

4. Ambas utilizam proof-of-work

Como explicado em um capítulo anterior, proof-of-work, ou, em português, prova de trabalho, é um conceito de criptografia e computação, segundo o qual uma pessoa consegue provar que gastou certa quantidade de poder computacional e qualquer outra pessoa consegue verificar que isso é verdade, de maneira simples e praticamente instantânea.

O conceito surgiu em 1993, como uma forma de defesa perante agentes maliciosos em redes de computadores, como spammers de e-mail. O funcionamento é bem simples: suponha que alguém tenha um servidor de e-mails como o Gmail e o Hotmail. Para reduzir a quantidade de spam recebido, pode-se exigir que cada remetente envie, juntamente com o e-mail, uma prova de trabalho.

Sem o requerimento da prova de trabalho, usando um simples computador doméstico, um spammer conseguiria enviar milhões de e-mails de spam por hora. Já com o requerimento da prova de trabalho, uma vez que ele terá que gastar CPU a cada e-mail enviado, a quantidade de e-mail de spam que ele conseguirá enviar por hora cairá drasticamente.

O mesmo conceito é utilizado tanto na rede Bitcoin quanto na Ethereum. Cada minerador precisa resolver um desafio criptográfico para poder validar determinada quantidade de transações e anexar um novo bloco à rede. Na ausência de uma prova de trabalho para fazer isso, mineradores maliciosos poderiam ficar tentando anexar blocos com transações falsas ou fraudulentas. Como veremos a seguir, apesar de o Ethereum ainda utilizar prova de trabalho hoje em dia, a rede já iniciou uma migração para outra forma de defesa chamada de *proof-of-stake* ou, em português, prova de participação.

DIFERENÇAS ENTRE O BITCOIN E O ETHEREUM

1. Bitcoin é uma moeda descentralizada, enquanto o Ethereum, além de moeda, também funciona como um computador distribuído

Como falamos anteriormente, o software Bitcoin permite que as transações enviadas executem comandos computacionais simples, possibilitando a criação de pequenos trechos de código, chamados de *scripts*. Esse, porém, não é o principal propósito do software e da rede Bitcoin, e, por causa disso e das limitações desses comandos, praticamente ninguém utiliza essa função em escala. Já o Ethereum foi criado para funcionar não somente como uma moeda digital, mas também como uma espécie de computador descentralizado e global. Cada nó da rede Ethereum (ou seja, cada computador conectado à internet e rodando o software Ethereum) tem a chamada EVM *Ethereum Virtual Machine*. Trata-se de um software, isolado do resto do sistema operacional desse computador, que é capaz de interpretar e executar comandos e códigos vindos juntos com as transações do Ethereum. A EVM é praticamente um sistema operacional completo e capaz de entender e de executar qualquer tipo de lógica de programação.

O Ethereum também tem uma linguagem de programação própria, chamada Solidity. Os comandos e o código em Solidity são interpretados e executados pela EVM. Solidity é considerada uma linguagem de programação "turing complete". Isso quer dizer que com ela é possível criar qualquer tipo de software e implementar qualquer lógica de programação conhecida. Podemos dizer que Solidity é uma linguagem de programação tão poderosa quanto outras mais conhecidas, como C, Java ou Python.

2. O Ethereum permite a implementação de contratos inteligentes sofisticados

Essa diferença, na realidade, é uma extensão da descrita no tópico anterior, mas, dada a sua importância, justifica-se ser apresentada separadamente. Uma vez que a EVM está presente em cada nó da rede Ethereum e que a linguagem de programação Solidity e, portanto, a EVM consegue implementar e executar praticamente qualquer tipo de software ou lógica de programação, é possível criar contratos inteligentes complexos na rede Ethereum.

No próximo capítulo entraremos em mais detalhes sobre os atuais contratos inteligentes mais interessantes ou de maior impacto, mas já podemos adiantar que existem inúmeros tipos, desde contratos para empréstimo de moedas de modo descentralizado, até contratos que criam corretoras ou exchanges de forma descentralizada, na qual as pessoas podem trocar criptomoedas e outros ativos entre si, sem a necessidade de uma empresa ou autoridade central intermediando as transações, e tudo de modo seguro e praticamente imediato. Alguns contratos inteligentes são tão complexos que passam a funcionar como aplicativos descentralizados, que são os chamados Dapps. Também discorreremos mais sobre eles no próximo capítulo.

3. O Bitcoin usa prova de trabalho e o Ethereum está migrando para prova de participação

Como ilustramos anteriormente, o mecanismo de prova de trabalho, ou proof-of-work, é utilizado para coibir ações de agentes maliciosos em algum sistema digital. O funcionamento básico é exigir que todos os participantes com certo sistema provem que realizaram algum trabalho, em termos de poder computacional, antes que eles possam finalizar determinada ação. Por exemplo, ao exigir uma prova de trabalho para se enviar um e-mail é possível reduzir drasticamente a quantidade de spam que um agente malicioso conseguiria mandar em um determinado intervalo de tempo. Essa exigência não afetaria em nada os usuários legítimos, uma vez que a prova de trabalho é executada de modo praticamente instantâneo por qualquer computador. Ela apenas se torna um obstáculo, se alguém tentar executar a ação milhões de vezes em curtos intervalos de tempo. O mesmo sistema pode ser utilizado para coibir atacantes em uma blockchain, exigindo que eles façam uma prova de trabalho antes de sugerir um novo bloco com transações a essa cadeia.

Funcionando paralelamente à prova de trabalho, há o consenso distribuído. Uma vez que o Bitcoin e as outras blockchains são redes distribuídas, sem nenhuma autoridade central que as governe, é necessário que o próprio software e os agentes dessa rede cheguem a um consenso sobre quais transações são válidas e quais não são. O consenso surge de forma espontânea e distribuída, conforme todos os mineradores de uma rede "votam" para que novos blocos sejam anexados à blockchain.

Uma vez que cada bloco em uma blockchain deve "apontar" ou fazer referência ao bloco anterior, esse voto nada mais é do que a escolha de um bloco entre todos blocos válidos que foram propostos para serem anexados. Uma vez feita a escolha, o minerador passa a apontar para esse bloco nas suas tentativas de criação de um novo bloco.

Dessa forma, podemos ter vários blocos competindo para se tornarem o próximo da blockchain e a decisão será feita com base no bloco que receber o maior número de apontamentos para ele, ou, em outras palavras, o bloco que os mineradores utilizaram com mais frequência para construir novos blocos.

O resultado do sistema de prova de trabalho aliado ao consenso distribuído é que um atacante precisaria ter controle sobre 51% da rede ou do poder computacional dela para ter uma chance estatística relevante de conseguir inserir transações falsas ou fraudulentas na cadeia. Em blockchains grandes como a do Bitcoin, na qual se estima que exista mais de 1 milhão de mineradores, fica fácil verificar como tal ataque seria proibitivamente custoso. Ou seja, esse mecanismo de defesa e de proteção da rede, até onde sabemos, é sólido e funciona. Desde sua concepção em 2009 a rede Bitcoin jamais foi violada com sucesso. Blockchains menores, porém, sofreram ataques, pois o custo para se atingir 51% do poder computacional da rede não era tão grande assim.

Uma das desvantagens do sistema de prova de trabalho é a grande quantidade de poder computacional e de energia que ele utiliza. No caso do Bitcoin, por exemplo, é estimado que 1 milhão de computadores e de servidores ao redor do mundo utilizem energia e poder computacional simplesmente para resolver os desafios criptográficos (que são exatamente a prova de trabalho) a fim de anexar novos blocos à rede.

Muitas pessoas criticaram esse modelo, alegando que ele seria maléfico ao meio ambiente. Não é tão fácil determinar se tal crítica é válida ou não, uma vez que o sistema financeiro tradicional também utiliza uma quantidade enorme de energia, e o Bitcoin e as demais moedas se propõem a desenvolver um novo sistema financeiro, que pode ser visto como mais eficiente e aberto.

Alguns anos após a criação do Bitcoin, algumas pessoas começaram a estudar e tentar implementar um sistema alternativo ao de prova de trabalho, chamado de proof-of-stake ou prova de participação. A primeira moeda a efetivamente implementar o sistema de prova de participação se chama Peercoin, e foi lançada em 2012. Esse sistema, em vez de provar que alguém realizou uma certa quantidade de trabalho computacional para se candidatar a criação de um novo bloco da rede, prova que essa pessoa é detentora de determinada quantidade de moedas dessa blockchain.

Vamos usar um exemplo, embora muito simplificado e não totalmente fidedigno, para entender melhor como esse sistema funciona. Suponhamos que em certa blockchain existam 100 moedas em circulação; dessas 100 moedas, 50 estão nas mãos de pessoas que não estão preocupadas ou não querem se tornar validadores (validadores em uma rede de prova de participação são equivalentes aos mineradores em uma rede de prova de trabalho), já as 50 moedas restantes estão na mão de pessoas que querem atuar como validadores na rede. Esse último grupo é representado por 3 pessoas: uma que detém 5 moedas, uma que detém 15 moedas e uma que detém 30 moedas.

Os três validadores depositariam suas moedas em uma conta gerida pelo próprio software. Depois disso, eles agrupariam as novas transações da rede em blocos e os enviariam como candidatos a serem o novo bloco da rede. A decisão em relação ao bloco proposto por cada um dos validadores seria feita com base na sorte, mas calibrando a probabilidade de escolha de cada um com base no percentual de moedas que ele tem do total depositado por todos os validadores.

No nosso exemplo, durante a criação de um novo bloco, o validador com 5 moedas teria 10% de chance de ser escolhido (lembre-se de que o total de moedas depositadas pelos validadores é de 50, portanto 5/50 = 10%), o validador com 15 moedas teria 30% e o validador com 30 moedas teria 60% de chance de ser escolhido. O mecanismo brilhante, que coíbe ataques a esse sistema, é que, assim como na prova de trabalho, um atacante precisaria ser o dono de pelo menos 51% das moedas depositadas pelos validadores para ter uma chance estatística de conseguir validar e anexar transações falsas ou fraudulentas à blockchain.

Em blockchains grandes como o Bitcoin ou o Ethereum, isso por si só seria economicamente proibitivo. Além disso, mesmo no caso de um atacante conseguir ter o controle sobre 51% das moedas participando do processo de validação, ao conseguir fraudar o sistema ele estaria diretamente afetando o valor dessas moedas, uma vez que, quando esse ataque viesse à tona, muito rapidamente os detentores dessa moeda começariam a vendê-la e seu valor despencaria no mercado, fazendo com que o atacante perdesse uma quantidade enorme de dinheiro, já que ele é um grande detentor dessas moedas.

Segundo seus defensores, o sistema de prova de participação tem quatro principais benefícios em relação aos sistemas que utilizam prova de trabalho:

I) É energeticamente mais eficiente.

II) Favorece mais nós e participantes na rede, uma vez que um simples computador de casa é capaz de rodar um nó em um sistema de prova de participação, mas computadores caros e sofisticados são necessários para participar de redes com prova de trabalho.

III) Uma vez que um maior número de pessoas pode e tende a participar de uma blockchain com prova de participação, essas redes tendem a ser mais descentralizadas.

IV) Tende a ter uma taxa de blocos anexados por segundo, e, portanto, de transações validadas por segundo (TPS), maior, o que torna a rede mais rápida. Note que proof-of-stake não é necessariamente mais rápido do que proof-of-work por si só, mas os protocolos de consenso e a estrutura e a configuração das blockchains proof-of-stake acabam favorecendo essa maior velocidade.

O principal ponto negativo é que se trata de uma tecnologia e de um sistema mais recente e menos testado que a de prova de trabalho, e, portanto, ainda pode ter falhas desconhecidas.

A maior blockchain que utiliza atualmente a prova de participação é a Cardano. O Ethereum está fazendo uma migração neste exato momento e planeja estar operando 100% com prova de participação em 2023. Quando isso acontecer, será a maior blockchain a utilizar prova de participação.

4. A rede Bitcoin tem apenas um tipo de transação e a Ethereum tem três tipos

Na rede Bitcoin temos praticamente apenas um tipo de transação. Praticamente, porque, em teoria, outros tipos são possíveis, mas quase nunca são utilizados. A transação mais utilizada é a de envio de Bitcoin de uma pessoa para outra e, para efetivá-la, três parâmetros são necessários: o endereço de origem dos fundos, o endereço de destino e a quantia a ser enviada.

Na rede Ethereum, por outro lado, existem três tipos de transações utilizadas normalmente.

1. O primeiro tipo é idêntico ao da rede Bitcoin: a transação para envio de moedas de um endereço para o outro.

2. O segundo tipo é o armazenamento de um smart contract na rede. É esse tipo de transação que desenvolvedores utilizam para tornar o código de seus contratos inteligentes disponível na blockchain. Uma vez efetivada essa transação, o smart contract passará a ter um endereço na rede Ethereum e poderá ser utilizado por qualquer outra pessoa ou empresa.

3. O terceiro tipo de transação é a execução de um contrato inteligente já disponível na rede. Nessa transação é necessário especificar o endereço do contrato a ser executado e, também, os parâmetros que devem ser passados a esse contrato.

5. A rede Bitcoin tem um novo bloco a cada dez minutos e a rede Ethereum tem um a cada quatorze segundos

Dois fatores afetam a velocidade, geralmente medida em transações por segundo, com que uma blockchain é capaz de processar e validar novas transações.

O primeiro fator é a quantidade de transações que cabem em um bloco, o que, por sua vez, depende do tamanho em bytes desse bloco. O segundo fator é a velocidade ou a frequência com que novos blocos são adicionados à blockchain, e isso é determinado pela dificuldade dos desafios criptográficos nas blockchains que utilizam prova de trabalho.

Tanto o tamanho dos blocos quanto a dificuldade dos desafios criptográficos são definidos no próprio software da blockchain. No caso do Bitcoin, o tamanho do bloco é limitado a 1 megabyte, o que comporta entre cerca 1.500 a 2.500 transações (o número varia, pois o tamanho em bytes de cada transação também pode variar). Já a dificuldade do desafio criptográfico da rede bitcoin é ajustada dinamicamente, de modo que um novo bloco seja adicionado à blockchain a cada dez minutos. O resultado disso é que a rede Bitcoin consegue processar de 3 a 7 transações por segundo.

Isso é muito ou pouco? Depende da pessoa para quem for feita a pergunta. Para efeitos de comparação, a rede da empresa de cartões de crédito Visa é capaz de transacionar 1.700 operações por segundo.

Pessoas e grupos que defendem que a rede Bitcoin não deveria ser utilizada para transações comerciais e do dia a dia não se incomodam com essa relativa baixa velocidade da rede. Essas pessoas tendem a fazer analogia com o ouro, argumentando que o Bitcoin deveria ser visto como ouro digital e, portanto, não seria um problema se a moeda não fosse utilizada em larga escala para transações cotidianas.

Outras pessoas e grupos discordam dessa visão, argumentando que o Bitcoin foi concebido para ser uma moeda digital e para ser utilizada em qualquer tipo de transação comercial, incluindo as pequenas e cotidianas.

Já no caso do Ethereum, o tamanho de cada bloco não é fixo e determinado pelo próprio software, mas variável e determinado pelos mineradores. Eles decidem qual o limite do total de gás (nos próximos capítulos veremos o que é gás na rede Ethereum e qual é a sua função) por bloco, o que, por sua vez, limitará o total de transação por bloco e, assim, o tamanho máximo desse bloco.

No momento em que estou escrevendo este capítulo (agosto de 2021), a média do tamanho de novos blocos na rede Ethereum é de 90 kilobytes por bloco. Esse limite vem aumentando com o tempo, por causa do aumento no limite de gás por bloco, definido pelos mineradores. Um ano atrás, por exemplo, o tamanho médio de cada bloco era de 40 kilobytes. O número médio de transação por bloco varia, uma vez que o tamanho de cada transação varia. Neste momento, o número de transações na rede Ethereum está variando entre 1 mil a 2 mil por bloco.

Enquanto a rede Bitcoin ajusta a dificuldade dos desafios criptográficos para que um novo bloco seja anexado à blockchain a cada dez minutos, no caso do Ethereum essa dificuldade é ajustada para que um novo bloco seja anexado a um intervalo entre dez e vinte segundos. Historicamente, a rede Ethereum sempre teve um número médio de TPS (transações por segundo) maior que a rede Bitcoin. No momento em que escrevo este capítulo a rede Ethereum apresenta uma taxa aproximada de 14 TPS.

Já estão planejadas melhorias no software que, caso sejam implementadas com sucesso, podem elevar esse número para 2 mil ou 3 mil TPS na primeira fase e supostos 100 mil TPS na segunda fase, chamada de Ethereum 2.0. Essa última fase está planejada para ser lançada em 2023.

6. A rede Ethereum trabalha com saldos e a rede Bitcoin não

A rede Bitcoin não implementa o conceito de contas, como em uma conta bancária. Além disso, não existe nenhum lugar no software ou na rede em que fique armazenado o saldo total de certa pessoa ou carteira. Em vez disso, a blockchain da rede Bitcoin utiliza um sistema chamado de UTXO ou *unspent transaction outputs* (uma possível tradução seria "resultado de transações não gastas").

A única coisa que é armazenada na blockchain da rede Bitcoin é o histórico das transações, desde a primeira. Cada transação inclui um ou mais endereços de origem, um ou mais endereços de destino e a quantidade de Bitcoins a serem transferidos para cada endereço de destino. Assim, caso alguém tenha acesso a todo o histórico de transações desde o início da rede, pode calcular qual a quantidade de bitcoins que cada endereço recebeu, mas ainda não gastou, e é exatamente isso que as carteiras de Bitcoin fazem para determinar o saldo que uma pessoa tem.

Quando uma pessoa tenta fazer uma transação enviando certa quantidade de Bitcoins, a rede irá verificar se os endereços listados como origem dos fundos de fato receberam Bitcoins e não gastaram uma quantidade suficiente para cobrir o valor que se deseja enviar. Em caso positivo, a transação será incorporada a algum dos próximos blocos. Em caso negativo, ela será descartada.

Com o objetivo de dar simplicidade ao funcionamento da rede, o protocolo da rede Bitcoin exige que uma transação utilizada como fonte de fundos deve ser gasta na sua totalidade. Ou seja, caso alguém tenha recebido um Bitcoin de um amigo e queira usar essa transação como fonte de fundos para enviar 0.5 Bitcoin para outro amigo, essa pessoa (ou o software que está usando como carteira) deverá elencar a transação de 1 Bitcoin como fonte, mas deverá elencar dois endereços como destino: o do amigo recebendo 0.5 Bitcoin e um outro endereço que ela controla para receber o 0.5 Bitcoin restante. Caso isso não fosse feito, a pessoa perderia o 0.5 Bitcoin que sobrou, porque não seria mais possível elencar a transação do 1 Bitcoin como fonte de fundos no futuro. Cada transação pode ser utilizada como fonte de recursos uma única vez. Justamente por essa dinâmica, é possível manter a rede funcionando somente com a lista das transações ainda não gastas.

As vantagens do modelo UTXO são:

» A simplicidade, como já vimos.
» Maior facilidade para se escalar a rede, uma vez que as transações podem ser verificadas em paralelo.
» Maior privacidade aos utilizadores da rede do que modelos baseados em contas e saldos.

As desvantagens do modelo UTXO são:

» Os nós da rede devem armazenar boa parte ou todas as transações históricas da rede para poder funcionar, aumentando os requisitos mínimos de memória para poder rodar um nó.
» Conceitualmente é muito mais difícil lidar com o modelo de transações não gastas do que com o modelo de contas e saldos, deixando mais complexa a tarefa de se desenvolver aplicativos nesse tipo de blockchain.

Por causa disso, blockchains que trabalham com o modelo UTXO não são muito usadas para implementação de contratos inteligentes e de aplicativos descentralizados.

Como o Ethereum foi lançado com o propósito de não ser somente uma criptomoeda, mas também uma espécie de computador global e descentralizado, seus desenvolvedores optaram por utilizar um modelo de contas e saldos. Isso quer dizer que existe uma estrutura de dados na blockchain do Ethereum que armazena todas as contas já criadas e o saldo de cada uma delas. A cada novo bloco minerado, essas contas e esses saldos são atualizados, e cada nó da rede Ethereum tem essas informações à disposição. A principal vantagem do modelo de contas e saldos é a facilidade para a implementação de contratos inteligentes. A principal desvantagem é a dificuldade para se escalar uma blockchain que utiliza esse modelo.

CAPÍTULO 19

CONTRATOS INTELIGENTES E APLICATIVOS DESCENTRALIZADOS

Neste capítulo, continuaremos explicando o que são contratos inteligentes, o que são aplicativos descentralizados, além de apresentarmos exemplos de projetos que já foram implementados e que têm usuários reais ao redor do mundo.

QUAL A DIFERENÇA ENTRE CONTRATOS INTELIGENTES E APLICATIVOS DESCENTRALIZADOS?

A maioria dos sites modernos e dos aplicativos web é separada em duas partes ou dois componentes principais: o *backend* e o *frontend*. O backend é a parte do código e do sistema que armazena os dados da aplicação, geralmente em um banco de dados como o MySQL, além de conter a lógica da programação e as regras do negócio. Já o frontend é a parte do código que fica mais próxima do cliente final, podendo, por exemplo, ser executada no navegador do usuário.

O frontend solicita ao backend os dados e as informações de que precisa e exibe essas informações de uma maneira amigável e intuitiva ao usuário final. Esse modelo facilita a implementação e a manutenção do software e do aplicativo, e gera mais flexibilidade. Por exemplo, uma vez que o backend *é separado, é possível trabalhar com vário*s frontends ao mesmo tempo.

Esse padrão é usado por muitos aplicativos, como, por exemplo, o iFood. Este pode ser utilizado tanto por meio de um navegador na web quanto pelo aplicativo para celular Android ou iOS. Ou seja, o cliente pode fazer um pedido acessando o site ifood.com.br ou baixando o aplicativo e encomendando a comida por meio do seu smartphone. São dois frontends criados separadamente que interagem com um mesmo backend.

Embora tecnicamente não seja a mesma coisa, um modelo bem parecido é utilizado com os aplicativos descentralizados. Podemos dizer que eles representam o frontend enquanto os contratos inteligentes representam o backend. Ou seja, os contratos inteligentes são o código e a lógica de programação que ficam armazenados na blockchain. O aplicativo descentralizado, por sua vez, é o frontend que o usuário final utiliza para poder interagir com esses contratos inteligentes.

De modo similar ao exemplo anterior de um aplicativo web, é possível ter diferentes aplicativos descentralizados ou frontends interagindo com o mesmo contrato inteligente. Na blockchain do Ethereum, por exemplo, os contratos inteligentes, uma vez depositados na cadeia, são visíveis e acessíveis a todos. Respeitando as regras de negócios implementadas no negócio, qualquer pessoa, empresa ou até mesmo outro contrato inteligente pode interagir com os contratos existentes na blockchain.

Como são duas partes de um mesmo sistema, os termos "contratos inteligentes" e "aplicativos descentralizados" podem ser usados de modo intercambiável na maioria dos contextos. Portanto, no decorrer deste capítulo, usaremos apenas "aplicativo descentralizado" (termo que é a tradução de *decentralized application*, geralmente abreviado como Dapps), mas é preciso ter em mente que ele sempre está interagindo com um ou mais contratos inteligentes depositados na blockchain.

VANTAGENS DOS APLICATIVOS DESCENTRALIZADOS

Os aplicativos descentralizados, que utilizam smart contracts depositados em uma ou mais blockchains para seu funcionamento, têm muitas vantagens em relação a aplicativos tradicionais que rodam com código centralizado nos servidores de alguma empresa.

As principais são:

1. Transparência

Na maioria das blockchains, os smart contracts são públicos e auditáveis por qualquer pessoa ou empresa, o que traz transparência, pois é possível saber exatamente qual é o funcionamento do aplicativo.

2. Segurança

Uma vez que o aplicativo descentralizado roda baseado em smart contracts que, por sua vez, são depositados em uma blockchain, ele não fica vulnerável a eventos como a falência de uma empresa, casos de corrupção nas empresas e tentativas de roubar o dinheiro dos usuários, entre outras possibilidades de golpes. Além disso, fica muito mais difícil hackear esse aplicativo, uma vez que, para isso, seria necessário fazer um ataque à blockchain inteira. Note que falhas no código do aplicativo podem comprometer a segurança, e falaremos disso a seguir.

3. Proteção à censura

Em aplicativos tradicionais centralizados, mesmo que a empresa por trás do aplicativo seja idônea, ela ainda corre o risco de sofrer censura ou sanções por parte de governos. Por exemplo, não é incomum, ao redor do mundo, um governo ditatorial obrigar empresas a simplesmente fechar as portas ou transferir ativos para o controle do próprio governo ou de outras entidades. No caso de um aplicativo descentralizado, isso seria impossível, já que seu código e, portanto, os smart contracts, estão rodando em milhares ou até mesmo milhões de computadores no mundo inteiro, nos equipamentos de mineradores ou validadores da blockchain em questão.

4. Privacidade

Para interagir com uma blockchain, enviando ou recebendo transações, por exemplo, e para interagir com aplicativos descentralizados, não é necessário que a pessoa ou a empresa revele sua identidade. Isso garante a privacidade dessas interações, o que pode ser importante em inúmeros contextos (e estou falando de contextos lícitos). Por exemplo, um smart contract poderia ser utilizado para remunerar visitantes de alguns websites, para os quais poderia ser interessante não revelar seus dados pessoais, para que não fossem compartilhados com pessoas ou empresas donas desses sites ou redes sociais.

5. Disponibilidade

Um problema frequente em aplicativos web e mobile é a indisponibilidade dos servidores. Ou seja, os usuários tentam usar o aplicativo, mas ele fica indisponível ou offline. Isso pode ocorrer tanto por erros de configurações e implementações por parte das empresas que administram os aplicativos quanto por ataques de indivíduos ou organizações maliciosas. O tipo de ataque mais comum é chamado de DDOs ou *distributed denial of service*, no qual os agentes maliciosos, com o controle de milhares ou até milhões de computadores ao redor do mundo, repetidamente fazem requisições ao servidor do aplicativo na tentativa de sobrecarregá-lo e torná-lo indisponível aos usuários legítimos. No caso de um aplicativo descentralizado, esse tipo de ataque teria um custo proibitivamente alto, tendo em vista que seria necessário sobrecarregar todos os mineradores e os validadores ao redor do mundo e não apenas um servidor.

DESVANTAGENS DOS APLICATIVOS DESCENTRALIZADOS

Nem tudo, porém, é ouro em relação aos aplicativos descentralizados.

Apresentamos, a seguir, as principais desvantagens desse modelo:

1. Dificuldade de atualização e de manutenção do código

Atualizar um aplicativo que roda na nuvem, como, por exemplo, o da Netflix, é muito fácil: os desenvolvedores atualizam o código, corrigem bugs e sobem essa nova versão nos servidores da empresa. Automática e imediatamente, todos os usuários que acessarem esse aplicativo na web passarão a ver a nova versão, já com as correções e as atualizações. Com aplicativos descentralizados esse processo é bem mais complicado, pela própria natureza da blockchain. Como as transações e as informações são imutáveis, atualizar um contrato inteligente que já foi depositado na blockchain é uma tarefa difícil. Até mesmo a correção de bug, algo importante e indispensável para qualquer tipo de software, é uma tarefa bem mais árdua no caso de aplicativos descentralizados.

2. Desempenho e escalabilidade

Aplicativos descentralizados tendem a ter um desempenho menos eficiente do que aplicativos centralizados. É claro que o desempenho pode ser medido empregando-se diferentes parâmetros, mas em quase todas as métricas os aplicativos descentralizados perderiam em relação aos seus pares centralizados. Além disso, a escalabilidade (a capacidade de atender mais usuários ao longo do tempo ou em períodos de sobrecarga) de um aplicativo descentralizado tem o mesmo desafio da escalabilidade da blockchain em geral, como já vimos em capítulos anteriores. Por fim, também já sabemos que as blockchains que utilizam prova de trabalho tendem a necessitar de uma grande quantidade de poder computacional para rodar com segurança.

3. Dificuldade de desenvolvimento

A tecnologia que sustenta a rede Bitcoin e as demais blockchains é relativamente nova e complexa. Por causa disso, acaba sendo mais difícil e trabalhoso desenvolver aplicativos descentralizados, por não haver muitos desenvolvedores com experiência e conhecimento para essa tarefa.

EXEMPLOS DE APLICATIVOS DESCENTRALIZADOS

1. https://opentimestamps.org/

Esse primeiro aplicativo é tão simples que sequer necessita de um smart contract como base. Não obstante, ele ilustra uma utilidade real e prática de aplicativos distribuídos e conectados a uma blockchain, e também demonstra a separação entre o frontend, que é a interface utilizada pelos usuários, e o backend, que é o contrato inteligente ou a blockchain em que o aplicativo se apoia.

"Notarizar" significa verificar a autenticidade e a integridade, e comprovar a existência de documentos. Historicamente, sempre foi necessária a presença de uma pessoa ou empresa que efetuasse essa verificação e essa comprovação. No Brasil, por exemplo, temos os notários e tabeliães. Com blockchains como o Bitcoin e o Ethereum é possível notarizar um documento ou qualquer outro arquivo digital sem a necessidade de uma pessoa ou empresa para garantir essa informação. Isso é possível porque cada bloco em uma blockchain contém a informação da data e da hora em que ele foi gerado. Além disso, como vimos anteriormente, os blocos em uma blockchain, e consequentemente as transações e as informações neles contidos, são imutáveis e podem ser acessados por qualquer pessoa ou empresa. Isso quer dizer que, se uma pessoa conseguir, de alguma forma, anexar um documento ou um arquivo em uma transação e essa transação for incluída em um bloco válido na blockchain, haverá um registro permanente, não adulterável e acessível a todos no documento ou arquivo dessa pessoa.

Assim, é possível provar que a pessoa que assinou a transação estava de posse desse documento ou arquivo na data em que tal bloco foi anexado à blockchain, além de ser possível provar e verificar sua integridade. Existem blockchains que permitem anexar arquivos em transações, mas, mesmo em blockchains que não permitem essa função, como a da rede Bitcoin, é possível notarizar um documento ou arquivo fazendo um hash dele e incluindo esse hash na transação.

Vimos no capítulo sobre função hash, que o hash de um documento ou arquivo é suficiente para garantir a unicidade, a autenticidade e a integridade do arquivo.

Esse aplicativo simplesmente cria uma interface amigável e intuitiva para que qualquer pessoa possa fazer um upload de arquivo ou documento e possa notarizá-lo em uma blockchain.

Para que a notarização seja efetivada, o aplicativo gera o hash do arquivo e envia a transação para a blockchain.

2. https://brave.com/

Brave é um projeto que visa a revolucionar a interação entre visitantes, donos de sites e anunciantes. No modelo tradicional, que é o predominante hoje na internet, os visitantes não ganham nada ao visitar seus sites favoritos. Ao mesmo tempo, os anunciantes que querem divulgar seus produtos e serviços em sites geralmente passam por um intermediador, como o Google Ads, para fazer essa veiculação. O intermediador cria uma rede de sites parceiros e faz o "meio de campo", cobrando taxas que variam, mas podem chegar até 30% do total investido pelo anunciante.

A ideia do projeto Brave é remover essa intermediação empregando a tecnologia de uma blockchain, que pode dar segurança e transparência em relação às visualizações dos anúncios. Um dos maiores problemas dos anúncios online são as visualizações e os cliques falsos, por isso a importância de, na ausência de um intermediador, haver alguma tecnologia que garanta que o anunciante não pagará por visualizações e cliques falsos em seus anúncios.

Além de remover a intermediação, o projeto também quer recompensar as pessoas, caso visitem os sites participantes da rede. A engrenagem do projeto é composta de duas partes principais: o navegador chamado de Brave e a criptomoeda chamada de *basic attention token* ou BAT. Usuários que baixarem ou utilizarem o navegador podem escolher quantos anúncios da rede Brave querem ver por hora, podendo optar por valores entre 1 a 5 por hora. Os anúncios chegam em forma de notificações que, ao serem clicadas, direcionam para uma página do anunciante. Com base no total de anúncios visualizados, os usuários acumulam BATs como recompensa, os quais, posteriormente, podem ser vendidos no mercado ou trocados por recompensas.

Os criadores de conteúdo, por outro lado, fazem o cadastro para poderem receber BATs quando os anúncios são veiculados durante a exibição de seus conteúdos. Por exemplo, um dono de um canal popular no YouTube pode se cadastrar e receber BATs sempre que os anúncios da rede Brave forem exibidos, enquanto os usuários assistem a um de seus vídeos.

Por fim, completando o círculo, anunciantes podem pagar para que seus anúncios sejam exibidos aos usuários do navegador Brave, podendo especificar em que tipo de conteúdo eles devem ser exibidos. É bom destacar que os anúncios no navegador Brave não substituem os anúncios normais em um site, eles funcionam paralelamente, uma vez que são exibidos pelo próprio navegador. Esse projeto ilustra um ponto importante: uma das principais aplicações das criptomoedas e das blockchains é facilitar e dar segurança à interação entre pessoas ou empresas, removendo o intermediário, que tradicionalmente era responsável por garantir essa segurança e a validade dos dados. Como já vimos em capítulos anteriores, a própria blockchain é capaz de garantir a validade dos dados, a transparência e a segurança. Ao se remover o intermediário, muitas vezes é possível reduzir as taxas e os custos de transação, aumentar a velocidade, aumentar a transparência etc.

3. https://steemit.com/

Se você não conhece ainda, sugerimos que visite um site chamado **reddit.com**. Trata-se de um dos maiores sites do mundo, com mais de 1 bilhão de visitas por mês, e funciona como uma espécie de agregador de conteúdo, no qual os próprios usuários enviam links para notícias, artigos em texto, imagens e vídeos. Além disso, são também os próprios usuários que votam impulsionando para cima ou para baixo todos esses conteúdos, e os que recebem mais votos positivos são levados para o topo do site e de suas específicas categorias.

Iniciamos o item mencionando o **reddit**, porque o **steemit** basicamente segue o mesmo modelo, com uma importante diferença: existe uma criptomoeda por trás do projeto e os usuários ganham essa criptomoeda quando enviam conteúdo ao site e quando seu conteúdo recebe votos positivos de outros usuários. A ideia do projeto é fazer com que os próprios usuários passem a ser donos do site. Atualmente, o **steemit** recebe cerca de 5 milhões de visitantes por mês.

Considero interessante incluir aqui este projeto, pois ele ilustra outra tendência e possibilidade das criptomoedas e das blockchains: uma vez que uma criptomoeda ou um token pode ser negociado livremente, e ao mesmo tempo com garantia de transparência e de segurança sem necessidade de uma empresa ou instituição centralizada, é possível criar projetos ou até mesmo empresas em que os próprios usuários e detentores dessa moeda ou token são os donos.

O funcionamento seria parecido com as ações de uma empresa de capital aberto, porém com muito menos burocracia para ser implementado. Por causa da menor burocracia, dos menores custos e da descentralização desses projetos, passa a ser possível implementar um sistema de ações ou de cotas em praticamente qualquer projeto, independentemente do seu tamanho ou localização. Por exemplo, alguém poderia comercializar cotas de participação em seu blog, livro, trabalho de arte e assim por diante.

E fica muito mais interessante quando colocamos contratos inteligentes no meio disso tudo: passa a ser possível, inclusive, criar empresas ou organizações independentes, nas quais o próprio software toma as decisões e os detentores da criptomoeda ou do token do projeto podem influenciá-las por meio de votações.

CAPÍTULO 20

MOEDAS VERSUS TOKENS

Caso alguém queira começar um negócio que ofereça serviços de telefonia móvel (como a Tim, a Claro e a Vivo no Brasil), na maioria dos países há duas opções.

A primeira é montar sua própria rede, comprando e instalando as torres e as antenas, contratando a banda de dados etc. Essa opção garante maior controle e flexibilidade no projeto, mas demanda muito capital, tempo e expertise.

A segunda opção seria simplesmente alugar a rede de algum player existente, o que muitas vezes é chamado de MVO (*Mobile Virtual Operator*). A grande vantagem dessa segunda opção é que ela permite a alguém lançar no mercado uma operadora de telefonia móvel sem a necessidade de ter o capital e a expertise necessários para criar a rede em si. Desse modo, empreendedores conseguem iniciar o negócio com pouco capital e rapidamente, focando o modelo de negócio, o marketing e o relacionamento com o cliente como diferenciais do projeto.

Uma dinâmica parecida ocorre no mundo das criptomoedas. Caso se queira lançar uma nova criptomoeda, pode-se criar a sua própria blockchain (escrevendo o código desde o início ou modificando o código existente de algum outro projeto, uma vez que quase todos são códigos abertos) ou pode-se utilizar a infraestrutura de uma blockchain existente e lançar seu projeto/criptomoeda por meio de um contrato inteligente.

MOEDAS VERSUS TOKENS

Embora seja uma questão de semântica e nem todas as publicações e os autores respeitem essa distinção, é interessante separar moedas (ou *coins*, em inglês), que seriam justamente as criptomoedas nativas de blockchains, de tokens, que seriam as criptomoedas criadas com contratos inteligentes nessas blockchains.

Por que é interessante fazer tal distinção? Por exemplo, para facilitar a análise desses ativos. Nesse sentido, podemos dizer que moedas nativas de blockchains já nascem com um caso de uso claro, que é regular os incentivos econômicos dos mineradores/validadores e, também, dos usuários dessa blockchain.

Do mesmo modo, como no exemplo da telefonia móvel, lançar sua própria blockchain exige muito capital e expertise técnica, enquanto lançar uma criptomoeda por meio de um contrato inteligente em uma blockchain já existente geralmente vai exigir muito menos capital e capacidade técnica. Note que uma criptomoeda criada por meio de um contrato inteligente em uma blockchain existente pode se comportar de maneira muito parecida com as criptomoedas nativas, como o Bitcoin ou o Ethereum. Isso quer dizer que elas podem ser compradas, vendidas, listadas em exchanges para serem trocadas por outras moedas e assim por diante.

Questões técnicas e econômicas — como o que regula a emissão de novos tokens, qual a quantidade inicial de tokens disponível e como eles serão distribuídos, qual a oferta máxima de tokens em circulação etc. — são todas definidas pelos criadores do projeto no próprio contrato inteligente.

No caso de blockchains proof-of-stake, essas moedas nativas também podem ser utilizadas para se tornar um validador da rede, gerando uma recompensa por essa atuação. Ou seja, as moedas nativas tendem a ter uma utilidade prática e podem ser rentabilizadas.

No caso de tokens, a análise da utilidade da criptomoeda, bem como da possibilidade de rentabilização, pode ser mais difícil e exigir mais trabalho. Mais cautela é exigida aqui também pelo fato de que muitas pessoas e empresas estão lançando tokens e projetos em blockchains principalmente para tentar surfar essa onda e lucrar com isso, e não por que os problemas que estão tentando resolver com seus projetos de fato necessitem de uma solução descentralizada.

TOKENS ERC-20

Somente na blockchain do Ethereum existem milhares de tokens lançados nos últimos anos. Imagine se cada serviço ou plataforma que deseja interagir com esses tokens — como, por exemplo, exchanges que desejam listar esses tokens para compra e venda — tivesse que ler cada um dos contratos inteligentes para entender como executar funções básicas desses contratos, como a transferência de um token de um usuário para outro. Seria, sem dúvida, uma tarefa inviável tanto pela complexidade quanto pelo tempo demandado. Para resolver esse problema no ecossistema do Ethereum, em 2015 foi feita uma proposta de padronização para as funcionalidades básicas de um token. A sigla ERC corresponde a *Ethereum Request for Comments* e é o jeito que desenvolvedores e usuários da blockchain Ethereum têm para oficialmente sugerir mudanças ao resto da comunidade.

Cada ERC tem um número e a ERC em questão, que padronizou as funcionalidades básicas dos tokens, foi a número 20. Em jargão de programação, podemos dizer que a ERC-20 implementou uma interface, ou API, para os tokens lançados na blockchain do Ethereum. As principais funcionalidades básicas que tokens compatíveis com a ERC-20 devem implementar são:

1. Transferência de tokens de um endereço para outro.
2. Solicitação do saldo de tokens de um endereço.
3. Solicitação do total de tokens em circulação em toda a rede.
4. Autorização de transferência de tokens de um endereço por parte de terceiros.

Utilizando novamente o exemplo de uma exchange, com o mesmo código seria possível listar para compra e venda qualquer token ERC-20, uma vez que a funcionalidade de transferência de um endereço para outro desses tokens é padronizada. Justamente por isso, é do interesse de qualquer pessoa ou empresa que for lançar um novo token seguir o padrão ERC-20. Com isso será muito mais fácil fazer parcerias e se integrar com outros serviços e plataformas.

O padrão ERC-20 se aplica somente à blockchain do Ethereum, mas outras blockchains que também trabalham com contratos inteligentes muitas vezes possuem um padrão parecido ou até idêntico. Por exemplo, no caso da Bianca Smart Chain, esse padrão se chama BEP-20.

TIPOS DE TOKENS

Com um token é possível representar qualquer tipo de ativo no mundo físico ou digital e, também, relações entre ativos e pessoas. Por causa disso, existem inúmeros tipos de tokens e, a cada dia, novos tipos estão surgindo.

Seguem abaixo alguns dos principais tipos para que o leitor se familiarize com as possibilidades na criação de tokens.

1. Tokens de governança

Esses tokens são utilizados em muitas plataformas para que a própria comunidade possa votar nas modificações e nas novas funcionalidades da plataforma. Eles podem ser comprados e vendidos, e muitas vezes são dados como incentivos pela participação na plataforma. Por exemplo, muitas exchanges descentralizadas têm um token de governança. Sempre que uma proposta de mudança ou nova funcionalidade na exchange é feita, os detentores desses tokens de governança podem votar e geralmente é possível enviar um voto para cada token que se possui. Também é possível utilizar tokens de governança para se fazer a conexão com o mundo real, por exemplo, tokens de fãs de um certo clube esportivo poderiam votar em algumas questões do clube.

Uma tendência relacionada e muito interessante que vem ganhando força nos últimos anos são as DAOs (*Decentralized Autonomous Organizations*). Se trata de um projeto, empresa ou instituição cujas regras de funcionamento estão predefinidas no software do projeto. Detentores do token do DAO podem votar nas propostas de mudanças dessas regras e de novas regras ou funcionalidades. Geralmente a administração e as finanças dessas organizações também são públicas, com todos os registros sendo armazenados em alguma blockchain. Imagine uma empresa na qual o próprio software determina onde serão gastos os fundos disponíveis, quais pessoas poderão ser contratadas etc., sem que nenhuma pessoa individualmente consiga alterar essas ações!

2. Tokens de utilidade

Esses tokens são trocados por algum tipo de serviço, geralmente digital. Existem projetos, por exemplo, com a proposta de permitir o armazenamento de arquivos de forma descentralizada. Nesse caso, o token do projeto seria utilizado para se custear o armazenamento dos seus arquivos.

Muitos tokens de jogos também podem ser classificados nessa categoria, pois eles permitem que os jogadores comprem itens nos jogos ou habilitem novos serviços e funcionalidades.

3. Tokens derivativos

Esses tokens representam outros ativos do mundo físico ou digital. Eles podem representar uma moeda fiat como o dólar ou o real, ações de empresas como a Apple ou a Petrobras, e até mesmo outras criptomoedas.

Para entender os benefícios e a utilidade desse tipo de token, imagine alguém que não more nos Estados Unidos, mas deseje comprar ações da Apple ou de alguma outra empresa listada nas bolsas estadunidenses. O processo de abertura de conta em um banco nos EUA e em uma corretora é bem burocrático, o que inviabiliza esse tipo de operação para quase todos os investidores que não moram nos Estados Unidos (embora nos últimos anos estejam surgindo muitos serviços visando a desburocratizar esse processo). Com tokens que representam essas ações, cujo preço, portanto, varia da mesma forma que elas, se torna possível investir indiretamente nesses papéis, de qualquer lugar do mundo, por meio de exchanges de criptoativos centralizadas ou descentralizadas.

As questões jurídicas e tributárias ao redor de tokens derivativos, obviamente, depende de onde eles são emitidos, comprados e vendidos.

Outro exemplo interessante é um token que representa outra criptomoeda. Imagine que se quer criar ou utilizar um contrato inteligente para negociar Bitcoins de certa forma. Como mencionado anteriormente, a rede Bitcoin não permite a execução de contratos inteligentes complexos. Por causa disso, decide-se utilizar um contrato inteligente na rede Ethereum. Mas como negociar Bitcoins dentro da rede Ethereum? Utilizando um token que representa bitcoins! Esses Bitcoins representados pelos tokens na rede Ethereum são geralmente chamados de wrapped Bitcoins (a tradução, em português, seria "bitcoins encapsulados ou envelopados"). A necessidade, nessa situação é tão grande que existem vários tokens envelopados em praticamente todas as blockchains. O maior deles se chama WBTC e representa justamente o Bitcoin dentro da rede Ethereum.

No começo de 2022, o marketcap do WBTC é de mais de US$10 bilhões!

4. Stablecoins

Uma stablecoin, na realidade, é um tipo de token derivativo, pois esses tokens representam moedas fiat como o dólar ou o real. Listá-los aqui separadamente, porém, foi feito devido à importância que esses tokens têm no mundo das criptomoedas.

Para se ter uma ideia, ao escrever o presente capítulo em fevereiro de 2022, a stablecoin Tether está na terceira posição entre as maiores criptomoedas do mundo, com marketcap de quase US$80 bilhões. E na quinta posição está a stablecoin USDC, com market cap de cerca de US$53 bilhões. Ambas são tokens na rede Ethereum e representam o dólar dos Estados Unidos. Isso quer dizer que tanto um Tether quanto um USDC têm o objetivo de equivaler a 1 USD. As stablecoins custodiais como o Tether e o USDC conseguem manter a paridade com o USD devido a uma reserva de ativos equivalentes.

Por exemplo, a empresa que está por trás de uma stablecoin poderia guardar em suas reservas 1 dólar para cada token emitido. Dessa forma, esses tokens seriam conversíveis em USD e, portanto, deveriam ter um valor de 1 dólar no mercado ou muito próximo disso. No caso do USDC, a empresa que está por trás dessa stablecoin, chamada Circle, alega que todas as reservas são mantidas em dólar em espécie ou títulos do tesouro de curto prazo e, portanto, garante a conversão de cada USDC em 1 dólar. Já no caso do Tether, a composição das reservas não é tão clara e já houve muita especulação sobre a qualidade e a liquidez dessas reservas. Existem também stablecoins descentralizadas (e, portanto, não mantidas por uma empresa), que visam a manter a paridade com o dólar por meio de incentivos de compra e venda do protocolo e com alguma criptomoeda como colateral. A maior delas é a UST, stablecoin do sistema Terra que, em fevereiro de 2022, aparecia na 15ª posição das maiores criptomoedas do mundo, com um marketcap de quase US$13 bilhões. Alguns investidores têm preferência por stablecoins descentralizadas, uma vez que estas são menos suscetíveis a ações regulatórias e governamentais.

Quais são os benefícios e as utilidades de uma stablecoin? Vários. Em primeiro lugar elas permitem que se tenha e armazene ativos repensando uma moeda fiat de forma digital e descentralizada. Por exemplo, com as stablecoins Tether ou USDC é possível possuir um ativo que espelha o valor do dólar, sem a necessidade de uma conta em um banco.

Em segundo lugar, com as stablecoins se torna possível comprar e vender ativos que espelham moedas fiat de praticamente qualquer país do mundo com maior facilidade e rapidez do que pelos meios tradicionais.

Em terceiro lugar, stablecoins, principalmente as que representam o USD, têm um papel muito importante nas exchanges, centralizadas e descentralizadas, ao redor do mundo. Elas permitem uma precificação mais simples das criptomoedas, uma vez que, para a maioria dos usuários e investidores, é mais intuitivo precificar certa criptomoeda em dólar do que em BTC ou ETH. Além disso, investidores podem querer converter suas criptomoedas para o dólar em momentos de alta volatilidade do mercado ou para tentar se antecipar a possíveis quedas, e a conversão em uma stablecoin é muito mais rápida e geralmente mais barata do que a conversão na moeda fiat em si. Por fim, em muitas jurisdições pode existir um benefício tributário ao se realizar a conversão em uma stablecoin em vez da moeda fiat, pois pode ser considerado que a conversão em stablecoin não representa a conversão de um ativo em outro com poder de compra, o que não geraria a necessidade de se pagar ganho de capital, por exemplo. Não se deve esquecer, porém, de que é preciso consultar a legislação do país ou pedir o auxílio de um contador para entender melhor em que medida essa dinâmica se aplica a cada situação.

5. NFTs

NFT significa *non fungible tokens*. Uma tradução literal seria tokens não fungíveis. Praticamente todos os exemplos listados anteriormente são de tokens fungíveis. Isso quer dizer que, nesses casos, um token é sempre igual a outro token. Por exemplo, caso alguém tenha um Tether, o stablecoin que representa o dólar, e outra pessoa também tenha um Tether, pode-se dizer que o de um é exatamente igual ao do outro e, portanto, podem ser trocados sem qualquer problema.

A definição de fungível no dicionário é a seguinte: *característica daquilo que é passível de ser substituído por outra coisa da mesma espécie, qualidade, quantidade e valor*. NFTs são tokens não fungíveis e que, portanto, são únicos, não podendo ser trocados ou substituídos por outros tokens.

O projeto que começou o fenômeno dos NFTs se chama CriptoKitties e é um jogo lançado na rede Ethereum. No jogo, é possível criar e cuidar de gatos virtuais e cada gato é único. É possível gastar ETH para melhorar seu gato, e cada animal tem seus próprios atributos e características, mais ou menos raros.

A combinação desses fatores criou um mercado muito ativo para a compra e venda dos gatos virtuais. Em setembro de 2021, por exemplo, o cripto cat número 40 foi arrematado por 225 ETH, que na época valia a módica cifra de aproximadamente US$1 milhão. E não pense que foi um caso isolado. Dezenas desses gatos foram vendidos por valores que superaram os US$100 mil. Muitos outros jogos também lançaram seus NFTs, passando por jogos de guerra e jogos estilo Pokémon.

A utilidade de NFTs, porém, não se limita a jogos: muitos artistas e empresas estão utilizando NFTs para armazenar, representar e transferir digitalmente obras de artes nos mais variados formatos. Em 2017, a empresa canadense Larva Labs lançou uma coleção de NFTs chamada CryptoPunks. Trata-se de figurinhas de pessoas inspiradas no movimento cyberpunk. Esses NFTs caíram no gosto da comunidade do Ethereum e começaram a ser muito disputados nos marketplaces de NFT. Em 2021, um CryptoPunk bateu todos os recordes quando foi vendido por US$24 milhões. Além do segmento de games e de artes, NFTs também começam a ser utilizados e explorados para a identificação de pessoas online e na representação de ativos físicos únicos, como imóveis e obras de arte físicas como quadros e esculturas.

CAPÍTULO 21

DEFI: FINANÇAS DESCENTRALIZADAS

Se o leitor ainda não viu ou escutou o termo "Defi", com certeza escutará muito nos próximos meses e anos. "Defi" é a sigla para *Decentralized Finance*, cuja tradução é "finanças descentralizadas". O termo se refere a todos os projetos de aplicativos descentralizados e, também, às blockchains que armazenam os contratos inteligentes por trás desses aplicativos, relacionados a finanças e a funcionalidades do sistema financeiro.

Uma grande vantagem e diferencial de projetos Defi é que, uma vez que são descentralizados e podem não ser submetidos a questões jurídicas e regulamentares complexas, eles podem ser lançados em praticamente qualquer lugar do mundo, com equipes pequenas e poucos fundos. Já a maioria dos projetos de finanças tradicionais exige milhões em capital social, além de uma série de aprovações para que possam funcionar.

Por exemplo, vários dos projetos descritos neste capítulo foram iniciados com pouquíssimo capital e diversas vezes por equipes muito enxutas, compostas de apenas uma pessoa ou grupos de poucas pessoas.

O ponto negativo dessa característica é que esses aplicativos podem acabar sendo lançados com falhas técnicas, podem ser mal-intencionados, podem não ser tão sólidos do ponto de vista financeiro e assim por diante, fazendo com que pessoas e empresas que investem nesses projetos ou participam deles acabem perdendo dinheiro.

Por outro lado, os pontos positivos podem pesar mais na balança. A possibilidade de se lançarem projetos para o setor financeiro — de forma rápida, desburocratizada e com pouca necessidade de capital — aumenta imensamente os níveis de inovação e de avanço tecnológico e econômico. Embora alguns projetos possam vir a falhar, muitos outros terão sucesso e poderão desenvolver novos modelos de negócio no setor financeiro, aumentando a inclusão financeira, a gama e a qualidade de serviços disponibilizados, a oferta de serviços com taxas reduzidas e assim por diante.

É importante incluir nesse grupo não somente os aplicativos descentralizados, mas também algumas blockchains, pois muitas foram concebidas especificamente para servir de base a projetos Defi. Pode-se dizer também que Defi é um subgrupo do grupo maior que inclui todos os aplicativos descentralizados. Embora seja um subconjunto, em termos de popularidade, número de transações e valor de mercado dos tokens e moedas, pode-se afirmar que Defi é atualmente o principal segmento ou nicho das criptomoedas. Contudo, mais proveitoso e esclarecedor do que ficar explicando apenas os conceitos é apresentarmos exemplos reais: veremos a seguir uma lista dos principais aplicativos Defi da atualidade.

EXEMPLOS DE APLICATIVOS DESCENTRALIZADOS

No momento da redação deste capítulo (agosto de 2021), já existem milhares e talvez dezenas de milhares de aplicativos de finanças descentralizadas. Esta lista, portanto, não tem a pretensão de ser completa, mas, simplesmente, de exemplificar as possibilidades dos aplicativos descentralizados e smart contracts de Defi. Em vez de listar aplicativos aleatoriamente ou escolher os que mais nos agradaram, a lista foi criada com base nos dados de um site muito interessante localizado em **criptofees.info**. Esse site faz o ranqueamento de blockchains e aplicativos descentralizados de acordo com o total de taxas pagas pelos usuários nas últimas 24 horas e nos últimos 7 dias. Dessa forma, esse ranqueamento mostra quais são os aplicativos mais utilizados e de maior interesse dos usuários.

1. Uniswap

A Uniswap foi uma das primeiras, e atualmente é a maior exchange descentralizada (em português seria uma "corretora descentralizada") do mundo. Uma sigla usada frequentemente para fazer referências a corretoras descentralizadas é DEX, que vem do termo inglês *decentralized exchange*. A Uniswap roda a partir da blockchain do Ethereum e, segundo o site criptofees.info, é o maior aplicativo descentralizado do mundo, com mais de US$4 milhões em taxas transacionadas num período de 24 horas (no momento em que escrevo este capítulo). Como explicado em capítulos anteriores, uma corretora de criptomoedas é muito parecida com uma corretora de ações: basicamente uma empresa tenta combinar a oferta e a demanda de diferentes criptoativos.

Tanto em corretoras de ações quanto em corretoras de criptomoedas tradicionais, primeiramente o cliente transfere os fundos em moeda fiat ou já em alguma criptomoeda e, a partir daí, pode realizar as trocas para outros ativos. Tanto os fundos em moeda fiat quanto os ativos — criptomoedas ou ações — ficam em custódia da corretora/empresa durante as transações.

No caso de uma corretora descentralizada, como a Uniswap, não existe uma empresa fazendo a custódia ou a intermediação das trocas. O próprio smart contract intermedeia as transações e cada usuário faz a custódia dos próprios ativos (o que quer dizer que cada um continua tendo controle sobre as chaves privadas das carteiras que controlam suas criptomoedas).

As primeiras tentativas para se criar uma exchange descentralizada foram feitas utilizando um modelo-padrão de *order book*, no qual cada usuário pode fazer uma oferta de compra ou de venda e é necessário que os valores coincidam para se executar uma transação. Esses projetos esbarraram no problema de liquidez e acabaram não tendo continuidade, na maioria dos casos. O problema de liquidez era o seguinte: não existiam pessoas em número suficiente dispostas a trocar ativos em preços que coincidiam e, como resultado, dificilmente se conseguiria realizar a troca do ativo desejado de uma forma rápida, prática e a um preço próximo ao mercado. A Uniswap introduziu um novo modelo para solucionar esse problema, chamado *automated market maker*. Nesse modelo, os participantes da exchange, em vez de colocarem ordens de compra e venda, podem colocar ativos à disposição para trocas em pools de liquidez. Esses pools são uma quantidade de ativos, sempre organizados em pares, que ficam à disposição para quem desejar efetuar uma troca neste par.

Para ilustrar como isso funciona, vamos supor que a Uniswap — ou qualquer outra corretora descentralizada — tenha sido lançada neste exato momento. Como acabou de ser lançada, ainda não seria possível realizar nenhuma troca em nossa exchange imaginária, uma vez que não temos nenhum pool de liquidez criado. Bob, que é um entusiasta de criptomoedas e de exchanges descentralizadas, decide então criar o primeiro pool de liquidez. Ele escolhe o par BTC-ETH (Bitcoin e Ethereum) para criar o primeiro pool. Suponhamos que o preço do Bitcoin no momento da criação desse pool seja de US$60.000,00, enquanto o preço do Ethereum esteja em US$3.000,00. Para o algoritmo funcionar corretamente, é necessário que os pares do pool de liquidez sejam depositados em quantidades cujo valor em dólares seja igual. Em nosso exemplo, portanto, Bob precisaria depositar no pool 20 ETH para cada 1 BTC. Ele decide depositar então 2 BTC no valor de US$120.000,00 e 40 ETH também no valor de US$120.000,00.

Uma vez criado o pool, qualquer usuário da exchange poderá realizar trocas de BTC para ETH e vice-versa. É preciso observar que, uma vez criado o pool de liquidez, os ativos de Bob agora estão sob controle do contrato inteligente da exchange. Assim, as trocas são realizadas pelo próprio contrato, sem que Bob precise fazer qualquer ação. Além de executar as trocas, o próprio contrato determina os preços de compra e venda dos ativos com base na oferta e na demanda deles.

Simplificando, para facilitar o entendimento: o algoritmo desse contrato tenta manter o valor total do pool de liquidez estável, ajustando o preço individual dos pares para atingir esse objetivo. Suponhamos que, após criado o pool de liquidez por Bob, outro usuário, Alice, decide trocar seus 20 ETH por BTC. O contrato inteligente, então, recebe os 20 ETH de Alice, deposita em sua carteira 1 BTC e, após concretizada a troca, ajusta os preços dos ativos no pool de liquidez, aumentando o preço de BTC, uma vez que a demanda pelo ativo aumentou e diminuindo o preço do ETH já que a oferta do ativo aumentou.

Neste ponto, pode surgir a pergunta: "Por que Bob seria motivado a criar um pool de liquidez?" Para que uma exchange descentralizada funcione é necessário existir um incentivo econômico para os criadores e fornecedores e pools de liquidez. Esse incentivo vem da coleta das taxas que são cobradas em cada troca de ativos. Além disso, a maioria das exchanges descentralizadas tem um ou mais tokens próprios, que muitas vezes são distribuídos, como incentivos, aos fornecedores de liquidez.

No caso da Uniswap, por exemplo, seu token é o Uni, que é um token de governança. Isso quer dizer que os detentores desse token podem votar nas pautas que são levantadas em relação à organização da corretora. Tokens de governança estão crescendo muito, tanto em termos de valor de mercado quanto em termos de popularidade. Conforme falamos no capítulo anterior.

2. Aave

A Aave (https://aave.com/) é o maior projeto de empréstimos descentralizados tanto em termos de usuários quanto em termos de capital alocado. Ele surgiu na Finlândia, em 2017, e inicialmente se chamava ETHLend. O criador do projeto, Stani Kulechov, viu o enorme potencial dos contratos inteligentes e decidiu criar uma plataforma de empréstimos apoiada na blockchain do Ethereum. A plataforma começou a ganhar adesão e interesse da comunidade e, ainda em 2017, decidiram realizar um ICO (*Inicial Coin Offering*): uma espécie de oferta inicial de ações, mas para criptomoedas, na qual captaram cerca de US$16 milhões para dar continuidade ao projeto. O ETHLend inicialmente funcionava como uma plataforma de empréstimo peer-to-peer, ou seja, qualquer pessoa ou empresa poderia emprestar dinheiro para outras pessoas ou empresas e as interações eram coordenadas e gerenciadas pelo contrato inteligente do ETHLend. Com o tempo, porém, os desenvolvedores e os usuários começaram a observar algumas ineficiências no modelo proposto. A principal delas era a falta de liquidez na plataforma, pois muitas vezes levava muito tempo para se casar a demanda por empréstimos com a oferta, e tantas outras vezes sequer se conseguia achar outra pessoa ou empresa para completar a transação. Os usuários começaram a ficar frustrados e, em parte por causa disso, o token ETHLend perdeu boa parte de seu valor nos meses subsequentes.

Em 2018, o time de desenvolvimento decidiu mudar o formato de peer-to-peer para peer-to-contract. Isso é, as interações não aconteceriam mais de usuário para usuário, mas de usuário para contrato inteligente. Com essa mudança, os usuários agora podem ser tomadores de empréstimos ou fornecedores de fundos/liquidez para esses empréstimos. Dessa forma, passou a ser muito mais fácil combinar a oferta com a demanda e o processo se tornou muito mais ágil. Podemos dizer que essa mudança de modelo foi algo parecido com o que a Uniswap, apresentada anteriormente, fez quando introduziu o modelo de *automated market maker* para solucionar os problemas da falta de liquidez nas exchanges descentralizadas que existiam no passado.

Por causa da mudança de modelo, o time de desenvolvimento também decidiu mudar o nome de ETHLend para Aave.

Mas como funciona exatamente essa plataforma de empréstimos? Como na maioria dos outros protocolos de empréstimos em blockchain, a Aave utiliza o modelo de supercolateralização. Isso quer dizer que o tomador de empréstimo precisa depositar um colateral maior do que o valor que ele deseja emprestar. Colateral, no caso, é um ativo ou moeda que funcionará como garantia do pagamento do empréstimo. Caso o empréstimo não seja pago, a plataforma fica com o colateral para cobrir o deficit. Por exemplo, na plataforma Aave, cada US$100 em ETH que alguém depositar como colateral lhe permitem tomar um empréstimo de até US$75 em outra moeda. À primeira vista, depositar US$100 em garantia para obter um empréstimo de US$75 pode não fazer sentido, porém existem situações em que, de fato, faria sentido realizar tal operação, quase todas relacionadas à valorização das criptomoedas.

A seguir, listamos as quatro principais situações nas quais esse tipo de empréstimo pode fazer sentido econômico:

a) Alavancagem

Caso a pessoa possua alguma criptomoeda, por exemplo ETH, mas acredite que ela terá uma grande valorização e queira se arriscar para, potencialmente, ter um ganho maior, ela pode utilizar a alavancagem com esse objetivo. Existem várias formas para se alavancar e uma delas utiliza o empréstimo de ativos, por exemplo em uma plataforma como a Aave. A pessoa poderia por exemplo depositar US$1 mil em ETH, e emprestar US$750 em DAI (uma stablecoin que acompanha o valor do dólar). Após tomar o empréstimo, a pessoa trocaria em uma exchange seus US$750 de DAI por US$750 de ETH, alavancando assim sua posição em ETH. Caso o ETH valorize mais do que a taxa de juros cobrada pelo empréstimo, essa pessoa teria um lucro na operação.

b) Venda descoberta

Uma pessoa pode usar a estratégia inversa, caso ela acredite que um ativo ou criptomoeda irá desvalorizar nos próximos dias ou meses. Essa estratégia é chamada de *short selling* ou venda descoberta, pois consiste em vender um ativo que você ainda não tem e que, portanto, precisa emprestar ou alugar de alguém. É possível realizar essa operação por meio de empréstimos em plataformas como a Aave. Vamos supor que a pessoa aposte que o ETH irá desvalorizar. Essa pessoa irá, então, depositar US$1 mil em DAI e pegar um empréstimo de US$750 em ETH. Ela então realizaria a venda desses ETH em uma exchange trocando-os por DAI. Caso o ETH desvalorize numa proporção maior que a taxa de juros cobrada pelo empréstimo, essa pessoa teria um lucro ao utilizar os 750 DAI para recomprar os ETH após a desvalorização e pagar o empréstimo para reaver o colateral depositado.

Vamos usar números para deixar o exemplo mais claro. A pessoa inicialmente deposita US$1 mil em DAI como colateral e obtém um empréstimo de US$750 em ETH. Vamos supor que a taxa de juros do empréstimo seja de 5% ao mês. Isso significa que a pessoa terá que devolver US$787,50 em ETH após um mês, para reaver seu colateral. Também podemos dizer que essa pessoa deverá devolver os mesmos US$750 em ETH como empréstimo e mais US$37,50 de juros. A pessoa, então, vende US$750 de ETH em troca de US$750 em DAI. Caso o ETH desvalorize 10% durante o mês, a pessoa conseguirá comprar a mesma quantidade de ETH gastando apenas US$675 em vez de US$750, obtendo um lucro de US$75. A pessoa então devolverá os ETH emprestados e pagará mais US$37,50 de juros, finalizando a operação com um lucro líquido de US$37,50.

c) Despesas emergenciais e cotidianas.

Imagine uma pessoa que tem boa parte de seu patrimônio alocada em criptomoedas e acredita que elas irão valorizar num curto ou médio prazos. Ao se deparar com uma grande despesa emergencial, como, por exemplo, uma internação médica, pode fazer sentido econômico para essa pessoa realizar um empréstimo com a Aave em vez de vender seus criptoativos.

Caso a valorização das criptomoedas depositadas como colateral dos empréstimos seja maior do que a taxa de juros paga durante o período do empréstimo, essa pessoa economizou dinheiro ao fazer o empréstimo. Além disso, dependendo do país e da jurisdição, essa estratégia de se utilizar empréstimo no lugar de vender as criptomoedas pode também gerar uma economia por evitar o imposto sobre o ganho de capital, que seria devido no caso da venda dos ativos.

d) Liquidity mining e staking

Em capítulos anteriores já falamos sobre a possibilidade de obter uma remuneração ao se fornecer liquidez em exchanges descentralizadas e também ao se fazer staking em blockchains que utilizam proof-of-stake.

Caso a taxa de retorno em liquidity mining ou staking em algum projeto ou blockchain seja maior que a taxa de juros cobrada no empréstimo em plataformas como a Aave, pode fazer sentido econômico realizar esse empréstimo, mesmo com a necessidade de se depositar um colateral maior do que o montante emprestado.

3. Synthetix

Kain Warwick fundou em 2014 uma empresa para processar pagamentos na Austrália. Logo após ele começou a permitir que clientes comprassem ativos digitais e Bitcoin. Foi assim que ele se aproximou do mundo das criptomoedas, e logo percebeu que na Austrália, por conta da falta de opções e de regulamentação, os valores do Bitcoin eram um pouco maiores do que no resto do mundo. Em jargão econômico, isso quer dizer que era necessário pagar um premium para poder comprar Bitcoin na Austrália durante esses anos. Geralmente, premium em ativos financeiros existe em mercados com pouca liquidez ou com obstáculos a certos tipos de transação que permitiriam a investidores realizar a arbitragem desses ativos.

Em 2017, Kain lançou o protocolo Synthetix (https://synthetix.io/) para tentar resolver partes desses problemas. O protocolo tem um Token próprio, SNX, e permite que você deposite em stake tokens SNX ou outros ativos como RenBTC e ETH. Em contrapartida a seu depósito você recebe tokens sUSD, que é uma stablecoin algorítmica. Ou seja, se trata de um token que visa a manter paridade de preço com o dólar norte-americano. A paridade é mantida não de forma custodial. Ou seja, não comprando e guardando dólares norte-americanos, mas sim por meio de depósitos e garantias em outros ativos e da arbitragem em relação ao valor do sUSD.

Em outras palavras, caso o valor de 1 sUSD seja maior do que 1 dólar, haverá pressão vendedora no mercado, pois qualquer pessoa pode converter 1 dólar de SNX ou ETH em 1 sUSD, vender este sUSD por mais de 1 dólar e realizar um pequeno lucro. Isso é o processo de arbitragem. O inverso também é verdade. Caso o sUSD passe a valer menos que 1 dólar, existiria uma pressão compradora uma vez que é possível vender este mesmo sUSD comprado a menos do que 1 dólar por exatos 1 dólar de ETH, SNX ou outros ativos. Resumindo: quando o preço do sUSD passa de 1 dólar se cria pressão vendedora de sUSD no mercado, o que empurra o preço para baixo e, portanto, de volta para 1 dólar. Caso o preço caia de 1 dólar, se cria pressão compradora no mercado, o que empurra o preço para cima a de volta a 1 dólar. Quanto maior a diferença de preço, para cima ou para baixo, de 1 dólar, maior a pressão vendedora ou compradora. Existem outras stablecoins algorítmicas que funcionam com dinâmicas parecidas. A mais famosa é a DAI, criada pelo projeto MakerDAO. A maior em termos de market cap (em fevereiro 2022) é a UST, stablecoin do sistema Terra, que já passa de US$13 bilhões de market cap.

O protocolo Synthetix, porém, oferece algumas funcionalidades adicionais e bem interessantes em relação a esses outros protocolos de stablecoin. Por exemplo, uma vez obtidos os tokens sUSD, você pode transformá-los em ativos sintéticos ou derivativos que vão espelhar o preço de outros ativos, digitais ou físicos. Por exemplo, seria possível criar um ativo sintético que espelhasse o preço de ações de empresas, de outras moedas fiat, de outras criptomoedas, de imóveis e assim por diante.

O sistema funciona por meio de um oráculo, que é um serviço digital que fornece preço de outros ativos. Por exemplo, caso você queira converter seus tokens sUSD em um ativo sintético de Bitcoin, no momento da conversão o oráculo informará qual é o preço de mercado do BTC, que muito provavelmente será uma média do preço das exchanges observadas por esse oráculo. E aqui temos outro ponto interessante do protocolo: as taxas das transações de conversão e todos esses ativos sintéticos são distribuídos para os usuários que fornecem liquidez ao protocolo depositando SNX e outros ativos.

Segundo palavras do próprio fundador, em uma entrevista, a utilização do protocolo hoje ainda é muito especulativa, por exemplo, para se realizar ganhos com a variação de preço de alguns ativos no curto prazo, ou para alavancagem de posições em um ativo ou outro. A esperança e o objetivo, porém, são que no longo prazo protocolos como Synthetix sirvam para facilitar o comércio e as transações internacionais, por exemplo tornando mais fácil e mais barato converter certa moeda fiat em outra, e também facilitando e desburocratizando o acesso a ativos como ações de empresas em qualquer lugar do mundo, e commodities como ouro, prata, cereais etc.

O FUTURO DO DEFI

Listei esses três projetos pois são protocolos de Defi bem interessantes e diferentes entre si. Portanto, ajudam a entender as possibilidades e o potencial desse novo segmento. Dito isso, e por mais que sejam projetos importantes e de grande adoção, eles representam apenas uma pequena fração do enorme universo que se está criando ao redor das finanças descentralizadas. No momento em que escrevo este capítulo, fevereiro de 2022, milhares de projetos e protocolos de Defi já foram lançados. É justamente a enorme quantidade de inovação e de experimentos que estão sendo feitos, e a velocidade com que eles estão sendo feitos, que aumenta o potencial disruptivo desse segmento dentro do mundo das criptomoedas.

ÍNDICE

A

Aave, plataforma de empréstimos descentralizados 184-185
ações 56
alavancagem 186
algoritmo
  clássico ou BFT 99
  das assinaturas digitais 124
aplicativo descentralizado 160
  desvantagens 163-164
  vantagens 161-162
assinaturas digitais 124
automated market maker, modelo 182

B

backend 159-161
Base58Check, codificação 127-128
base monetária 32, 38
  meios para aumentar e diminuir 36-37
  por que aumentar 34
BAT, criptomoeda 166
Bitcoin 17, 57
  blockchain 71
  características 72
  carteira de 71, 73
  confirmações 115
  tipos de 74
    carteira de papel 75
    desktop 76
    hardware 75
    mobile 76
    online 76
  chave privada 127-128
  chave pública 74, 127-128
  chave secreta 74
  consenso distribuído 116
  criptografia 70
  diferenças com Ethereum 146-150
  e sistema numérico 133-134
  exchange, plataforma 64
  função hash 112, 127-128
  inverno das criptomoedas 65
  Litecoin 70
  mineradores 108
  nó 70
  o que é 67
  principais propriedades 62
  proof-of-work 71
  protocolo
    da rede 156
    de consenso Nakamoto 100
  rede 107

193

satoshi 82
scripts 146
similaridades com o Ethereum 144–146
tamanho do bloco 154
unspent transaction outputs 155
velocidade de transação 153
versus
   dinheiro 68–69
   Ethereum 138–142
wrapped Bitcoins 174
blockchain 71, 106–107, 126, 160
  ataques 149
  bloco válido 111
  Cardano 152
  contrato inteligente de uma 139
  Ethereum 139–142
  funções hash 126
  proof-of-stake 170
  protocolo de consenso Nakamoto 100
Brave, projeto 166
Bridgewater 39
buy
  and forget 51
  and hold 50

C

Cardano, blockchain 152
carteiras, Bitcoin 75
  de papel 75
  desktop 76
  hardware 75
  mobile 76
  online 76
chaves públicas e privadas 144
codificação 85
  cifra de César 88
Coinage Act, legislação 15
consenso Nakamoto 99
contratos inteligentes 139–140, 140–142, 160
  e aposta 140–142
  versus contratos jurídicos 139
corrupção 34
criptografia 85, 144
  Alan Turing 91

função de módulo 123
funções da 92–93
hash, funções 121–128
hash power 118
hash rate 118
proof-of-stake 146, 150, 152
proof-of-work 110–112, 145, 152
CriptoKitties, projeto 177
criptomoeda 57–58, 126
  blockchains de 107
  Defi 180
  Ethereum 157
  funções hash 126
  inverno da 65
  inverno das 65
CryptoPunk 178
curva de demanda e oferta 21

D

DAOs (Decentralized Autonomous Organizations) 173–178
Dapps, aplicativos descentralizados 147
day trading 50
DDOs, ataque 162
decentralized application (Dapps) 160
decentralize finance (Defi) 179
decodificação 86
demanda por dinheiro 29
denarius 42
desvalorização da moeda 20–21, 21
dinheiro
  a importância de poupar 7–8
  base monetária 27–40
  características fundamentais 5–6
  como surgiu 3–4
  continental 14
  criptomoedas 57
  demanda por 29
  desvio de 34
  digital, Bitcoin 57
  em papel, surgimento do 13
  escambo 4–5
  funções do 6–7
  imprimir 17, 42–44
  lastreado 14

metais preciosos 11-13
oferta de 29
pound 14
preço do 29
sal como 5
versus Bitcoin 68
versus riqueza 19
dólar
  americano 14-15
  espanhol 14
  norte-americano 13-16
    história 13

E

enigma, máquina eletromecânica 90
escambo 4-5
escrow, funcionalidade de 81
Ethereum 138, 153
  2.0 155
  Bitcoin
    diferenças com o 146-150
    similaridades com o 144-146
    versus 138-142
  contratos inteligentes 139
  criptografia 157
  Ethereum Request for Comments (ERC) 171
  Ethereum Virtual Machine (EVM) 146
  implementação de contratos inteligentes 147
  tamanho do bloco 154
  tipos de transações 153
  velocidade de transação 153
Ethers (moeda da rede Ethereum) 140, 144
exchange
  compra e venda de tokens 171-178
  corretora 81
  plataforma 64
  Uniswap 181

F

frontend 159-161
função hash 121, 165

algoritmo de hash 122
  colisão 123
  criptográfica 125-126
  função de módulo 123
  input 121
  output 121
  propriedades da 123-124
  usos da 124-125
funcionalidade de escrow 81
fundos de investimento imobiliários, 54

H

hiperinflação 41-42

I

ICO (Inicial Coin Offering) 184
Império Romano 42
  crise profunda na economia 43
  denarius 42
inflação 20
  aumento da base monetária 33
  causas da 21-22
  como proteção contra a
    ações 56
    criptomoedas 57-58
    imóveis 54
    ouro 55

L

lastro 13
Laszlo Hanyecz 64
liquidity mining 188

M

metais preciosos 11-13
  primeiro registro de moeda 12
mineração
  consenso distribuído 116
  o processo de 109-110
  sobre minerador 108, 144
moeda
  Bitcoin 17

criptomoedas 57
denarius 42
desvalorização da 20–21
digital 144
fiat 17, 53, 173
lastreada 13
Peercoin 150
peer-to-peer 69
primeiro registro 12
processo de cunhagem 12
versus token 170
MVO (Mobile Virtual Operator) 169

N

notas de papel 13

O

oferta de dinheiro 29
oferta e demanda 21–22
  curva da 21–22
  regra da 23, 29
ouro 55

P

Peercoin, moeda 150
peer-to-contract 185
peer-to-peer 184
  mudança de formato peer-to-contract 185
poupança, importância da 7–8
processo
  de arbitragem 189
  de cifragem 85
  de cunhagem 12
  de decifragem 86
proof-of-stake 146, 150, 152, 170
proof-of-work 71, 110–112, 145, 148, 152
protocolo Avalanche 100

Q

qualidade de vida 8

R

rede Bitcoin 107
rede peer-to-peer 69
regra da oferta e da demanda 23, 29
reserva fracionária 38

S

sal 5
satoshi, Bitcoin 82
Satoshi Nakamoto 61–66, 99, 107
short selling, estratégia 186
sistema hexadecimal 132
Solidity, linguagem de programação 146
stablecoin 175
  benefícios de 176
staking 188
swing trading 50

T

token 177
  de governança 184
  non fungible tokens (NFT) 177
  stablecoin 175
  tipos de 172–178
Tokens ERC-20 171–173
TPS (transações por segundo) 155
Tratado de Bretton Woods 16

U

unspent transaction outputs (UTXO), sistema 155
  vantagens e devantagens 157
US dollar 14

V

venda descoberta 186
Vitalik Buterin 138

Projetos corporativos e edições personalizadas
dentro da sua estratégia de negócio. Já pensou nisso?

Coordenação de Eventos
Viviane Paiva
viviane@altabooks.com.br

Assistente Comercial
Fillipe Amorim
vendas.corporativas@altabooks.com.br

A Alta Books tem criado experiências incríveis no meio corporativo. Com a crescente implementação da educação corporativa nas empresas, o livro entra como uma importante fonte de conhecimento. Com atendimento personalizado, conseguimos identificar as principais necessidades, e criar uma seleção de livros que podem ser utilizados de diversas maneiras, como por exemplo, para fortalecer relacionamento com suas equipes/ seus clientes. Você já utilizou o livro para alguma ação estratégica na sua empresa?

Entre em contato com nosso time para entender melhor as possibilidades de personalização e incentivo ao desenvolvimento pessoal e profissional.

PUBLIQUE SEU LIVRO

Publique seu livro com a Alta Books. Para mais informações envie um e-mail para: autoria@altabooks.com.br

/altabooks   /alta-books   /altabooks   /altabooks

CONHEÇA OUTROS LIVROS DA ALTA BOOKS

Todas as imagens são meramente ilustrativas.

Este livro foi impresso nas oficinas gráficas da Editora Vozes Ltda.,
Rua Frei Luís, 100 – Petrópolis, RJ.